中公新書 2360

石川明人著

キリスト教と戦争

「愛と平和」を説きつつ戦う論理

中央公論新社刊

まえがき

「正しい者はいない。一人もいない」
（新約聖書「ローマの信徒への手紙」3：10）

なぜ、キリスト教徒は、「愛」と「平和」を口にするのに、戦争をするのだろうか。日本の総人口の九九パーセントを占める非キリスト教徒のなかにも、クリスマスを祝ったり、教会で結婚式を挙げたり、あるいはキリスト教の美術や音楽に関心をもつ人はいるだろう。しかし、そうした人たちも、戦争とキリスト教の関係については、心の底では、疑問や反感をもっているのではないだろうか。

ところが、このような問いに対する納得のいく返答は、ほとんど耳にしない。キリスト教研究者は、その多くがクリスチャンなので、それに対する答えはどうしても言い訳じみたものになりがちなのである。

例えば、あるキリスト教入門書の著者は、「キリスト教徒がこれまで多くの戦争をしてきたのは事実ですが、それはその時のキリスト教徒の過ちであって、キリスト教そのものが好戦的なのではありません」と言う。

また別の本の著者は、「私たちが信じているのは、戦争をしてきたキリスト教ではなく、愛を説くイエス・キリストなのです」「戦争を繰り返してきたこと自体、罪深い私たちが神を必要とする何よりの証拠ではないでしょうか」などと答える。

このような返答では、ほとんどの非キリスト教徒の方々は、納得できないだろう。キリスト教は、この世から戦争を根絶することに、二〇〇〇年かけても成功していない。キリスト教それ自体が、これまで実に多くの戦争や暴力に関わってきたのだ。この世のほとんどの人間、組織、制度は、多かれ少なかれ矛盾や欠点を抱えているものだが、愛と平和を祈るキリスト教徒も、キリスト教会も、キリスト教社会も、例外ではない。

私たちは、毎日を、純然たる悪人ではないつもりで生きている。しかし、決して純然たる善人でもない。悪を悪だと気付かぬこともあれば、善意からやったことが結果として悪になってしまうこともある。

学校や職場で誰かと衝突すれば、つい「あいつさえいなくなれば」というどす黒い感情を抱くこともあるだろう。自分の善行と他人の悪行は大きく見え、自分の悪行と他人の善行は小さく見えてしまうのが人間だ。人はみな、欲望や嫉妬《しっと》のなかをのたうちまわって一生を送る。キリスト教徒も、まったく同様である。

戦争は人間ならではの営みであるように、キリスト教信仰それ自体も、所詮《しょせん》は人間的な営みに過ぎない。信仰や、理想や、正義感をもっているつもりでも、それでも人は過ちや失敗を犯す。何から何まで正しい者などいない。一人もいない。それにもかかわらず、私たちは、自分だけは正しいと思いながら生きてしまうものである。

キリスト教は、それ自体が「救い」であるというよりも、「救い」を必要とするのに救われない人間の哀れな現実を、これでもかと見せつける世俗文化である。キリスト教があらためて気付かせてくれるのは、人間には人間の魂を救えないし、人間には人間の矛盾を解決できない、という冷厳な現実に他ならない。

愛と平和を唱えながら戦うのは、矛盾か

キリスト教徒は今現在、世界に約二三億人いる。イエスの時代から現在にいたる自称キリスト教徒をすべて合わせたら、それは膨大な数になるだろう。思えば、ごくわずかな年月の活動の後に十字架刑で死んだイエスという男は、後の人間社会にずいぶんと大きな影響を与えたものである。イエスとキリスト教の影響下にあった人々により、これまで、良くも悪くも、実にさまざまな出来事があり、実にさまざまな議論がなされてきた。

そうした歴史や思想について研究する「キリスト教学」という学問分野は、その中身もかなり細分化されている。例えば、日本基督《キリスト》教学会の会員名簿でさえ、会員の専門分野を九つ

ものカテゴリーに分けているほどである。そこで扱われる範囲は大変広く、研究成果の蓄積はすでに膨大だ。一人でこれまでの全研究成果を踏まえることは、もはや不可能に近い。

本書に対しては、あの問題も取り上げるべきだとか、この問題について触れていないではないかといった、さまざまな指摘がありうるだろう。だが、この小著で、キリスト教の歴史や思想における「戦争」に関連するすべての話題を取り上げることはできない。文字数の制約に加え、筆者の能力にも限界があることに、ご理解とお赦《ゆる》しをいただきたい。

また、本書は、キリスト教と戦争・暴力との関係に焦点を当てるものであるため、ここでのキリスト教の紹介は、やや露悪的な方向に偏っているという印象を与えてしまうかもしれない。だが、実際には、キリスト教世界には、これまで実に立派な平和主義者がいたし、今でもいる。

筆者自身もキリスト教徒であるが、ここでは「キリスト教は素晴らしい宗教だ」と宣伝したいわけではない。また、「キリスト教は悪い宗教だ」と批判したいわけでもない。キリスト教と戦争との関係は、実に奇妙なものであるがゆえに、その宗教の信者であるか否かを超えて、人間に普遍的な問題としての「戦争」について考えていくための、ちょうどよい糸口になるのである。

冒頭で、なぜキリスト教徒は愛と平和を口にするくせに戦争をするのか、という問いを挙げた。これは、「愛と平和を祈ること」と「戦争をすること」とは両立しないという思い込みがあるからこその疑問である。だが、そもそも、この両者は常に必ず矛盾するとは考えられてこなかったのであり、だからこそ、現に人は、愛と平和を唱えながら戦争をしてきたのである。したがって、私たちは、こうした素朴な問い自体を再考する必要があるだろう。

本書の究極的な狙《ねら》いは、愛と平和を祈りながら戦いがなされるという現実を通して、宗教や戦争という問題のみならず、そもそもの人間理解を問い直していくことである。本書が、綺麗事《きれいごと》を抜きにして、率直に「平和」について議論をしていくための、ささやかなきっかけになれば幸いである。

キリスト教と戦争　目次

序章　キリスト教徒が抱える葛藤と矛盾

殺人犯を赦したキリスト教徒

戦争は、人々の憎しみをかき立てる。家族や仲間が殺されれば、誰もが怒りに燃え、相手に仕返しをしようとする。しかし、暴力の応酬が続いてしまっては、いつまでたっても平和は訪れない。

お互いに「赦し合う気持ち」があったら、戦争やテロは起きないのではないか、たとえ起きても、早く終結するのではないか、「赦し」が平和を実現する鍵なのだ……、という意見がある。キリスト教世界でよく耳にする理想、ないしは綺麗事の一つである。

確かにキリスト教は、愛を説き、憎むしかない相手を赦すよう勧め、憎しみの連鎖を断ち切ろうとしてきた。そのこと自体は正しいように感じられる。しかし、本当に人はみな人を「赦す」ことなどできるのだろうか。「赦す」ことは、常に必ず平和につながるのだろうか。そもそも、「赦し」とは何なのだろうか。

二一世紀の初頭、こうした問題をあらためて問いかけるような事件があった。

二〇〇六年の秋、アメリカの小さな村にある学校に、銃を持った男が押し入った。拳銃《けんじゅう》、ショットガン、ライフル、そして大量の弾丸を持った彼は、少女らを監禁し、五人を射殺、五人に重傷を負わせ、自らもその場で自殺した。

静かな田舎の学校で起きたこの惨事は、衝撃的な事件として報道された。しかし、事件そのものよりも、さらに人々を驚かせたものがある。それは、その被害者遺族や近隣住民たちの反応であった。殺された少女の家族らは、事件後すぐに「私たちは、犯人を赦します」と言ったからである。それだけでなく、彼らは自殺した犯人の家族たちをも気遣い、ともに悲しみと苦悩を分かち合って、金銭的な援助までしたのであった。

このニュースは、アメリカのみならず世界各国に報道された。悲しみと怒りのなかにいるはずの被害者遺族たちが、犯人を赦し、犯人の家族をも思いやったということは、キリスト教的な愛の実践として、国内外の多くの人々を感動させたのである。

この事件が起きたのは、ペンシルベニア州のニッケルマインズという場所である。そこは「アーミッシュ」と呼ばれるプロテスタントのキリスト教徒たちが住んでいる地域で、被害者を含め、近隣住民のほとんどはアーミッシュであった。アーミッシュの生活は、やや独特である。彼らは自動車もテレビも所有せず、公共の電線から電気をひくこともしない。インターネットも利用しないし、移動や運搬には現在でも馬車を用いている。ただし、それには安全上の配慮からバッテリー式のライトを付けているなど、文明の利器を一切拒絶するのではなく、選択的に取り入れている、というのが実態である。
だが、アーミッシュのこの事件に関しては、そうした点は直接的には重要ではない。ここで注目すべきは、彼らの絶対平和主義の姿勢である。それは大人たちだけでなく、子供たちにも徹底的に教育されているものであった。彼らは小さい頃から、自分にどんな害悪がおよぼされようとも、相手を赦すことが大切だと教えられているのである。この事件で犯人の男が教室に立てこもった時も、一番年上の少女は年下の子を守るために「私を最初に撃って」と言い、殺されたのであった。

「赦すことは、最初から決まっていたのです」

この事件に、アーミッシュたちはもちろん強い衝撃を受けた。だが住民の幾人かは、事件後わずか数時間で、自殺した犯人の家族に手を差し伸べた。彼らは犯人の妻と子供たちのところへ行き、お悔やみを言い、彼らには何も悪い感情をもっていないということを伝えた。同じ日に、また別のアーミッシュの男性は犯人の父親を訪ね、彼を抱擁《ほうよう》し、慰めの言葉を口にしたという。
殺された少女の祖父は、事件の二日後、テレビカメラを従えたレポーターにインタビューのマイクを向けられた時、もう心のなかでは赦している、と答えた。どうして赦せるのか、という質問に対して、彼は「神のお導きです」と返答したのであった。「赦さなければいけない。自分が神に赦していただくには、彼を赦さなければいけない」というのが彼らの考え方なのであった。別の被害者の祖父は、自宅に安置された棺《ひつぎ》のなかの孫娘の姿を見て、まわりにいる幼い子供たちに「こんなことをした人でも、悪く思ったりしてはいけないよ」と話したという。

彼らの態度は、口先だけのものではなかった。殺された何人かの子供の親たちは、犯人の家族たちを娘の葬儀に招待したのである。また、犯人の葬儀では、参列者の半分以上がアーミッシュの人たちであった。「自然と、行かなくちゃ、という話になったのです」と牧師は答えている。葬儀屋は、殺された子供の家族が墓地に来て、犯人の妻にお悔やみを言い、赦しを与えたところを見て、「あの瞬間は決して忘れられないですね。奇跡を見ているのではないかと思いました」と述べた。

事件の数週間後には、犯人の家族と被害者の家族が面会し、痛切な思いを分かち合い、癒《いや》し合う機会の場も設けられた。アーミッシュは保険に入っていないので、全国から医療費として募金が寄せられたが、被害者遺族はそのうちのかなりの額を犯人の家族にもまわしたのである。

どうしてこんなに早く赦すことができるのか、という記者たちからの問いに対して、一人のアーミッシュは次のように答えた。「赦すことは、最初から決まっていたのです」「なぜ驚くのですか。ごく普通のキリスト教の赦しですから、誰もがすべきことでしょう」。

被害者遺族を含めた住民たちによる情け深い態度を見て、多くの人々は、すべての人が彼らの信仰と赦しを見習ったら、この世はどんなに素晴らしいものになるだろう、と感動したのである。他教派の牧師も礼拝の説教で、これを素晴らしい平和主義的な佇《たたず》まいとして紹介するようになり、今では多くのキリスト教徒の知る有名なエピソードとなっている。

「赦し」は常に正しいのか

ところが、こうしたアーミッシュの感動的な「赦し」に対しては、批判や疑問の声もないわけではなかったのである。

あるコラムニストは、アーミッシュが悪に対し善によって報いようとした姿勢は、確かに感動的であったという。しかし、憎しみは常に悪いわけではないし、赦しが常に適切とも限らない、と論じた。彼は「われわれのなかに、子供が虐殺されたのに誰も怒らないような社会に本気で住みたいと思っている者が、どれだけいるだろうか」と問いかけたのである。

そのコラムニストは、「誰かが不当な仕打ちをしても、容易に赦されてしまうのだとしたら、世界をよくすることはできない」と主張した。また、その場にふさわしい感情の欠如、悪への運命論的な態度、悔悛《かいしゅん》しない罪人も進んで赦してしまうこと、しかも実に迅速に赦してしまうということに疑問を口にする者は、他にも少なくなかった。

実は、アーミッシュが悪質な事件の被害者となって、すぐにその犯人たちを赦したという例はこれが初めてではない。彼らが敵を赦そうとする際の根拠は、聖書のいくつかの箇所に加え、特にキリスト教の最も基本的な祈りである「主《しゅ》の祈り」に求められている。「主の祈り」の、「我らに罪を犯すものを我らが赦す如《ごと》く、我らの罪をも赦し給え」という一文が、彼らの「赦し」の実践の大きな根拠なのである。

アーミッシュは、自分が人を赦さなければ、自分自身も神に赦されないと信じている。「主の祈り」はキリスト教徒ならば子供でも暗唱しているものだが、アーミッシュたちは単にそれを口に出して祈るだけでなく、この一節を本当にそのまま実践しようとするのである。

また、アーミッシュらの間では、彼らのグループの元となった一六世紀の再洗礼派が受けた迫害の歴史が記憶されている。再洗礼派は、無報復、敵への愛、無抵抗主義を唱える。究極的な裁きは神によってなされるのであり、すべてを人間の手にではなく、神の手にゆだねようとする。アーミッシュのなかでは今でも当時の殉教譚《じゅんきょうたん》が繰り返し読まれ、子供の頃から、純粋な愛と赦しの実践を促す話がまとめられた本で教育されているのである。

アーミッシュの「赦し」に対して疑問を呈する意見のなかには、彼らの「赦し」は感傷の衣をまとった自己嫌悪なのではないか、というものもあった。「復讐心《ふくしゅうしん》」というのは確かに危険な情念だが、それは人としてある程度は自然なものであり、自尊心の健全さをも示すものだという。もし「赦し」というものが、感じて当然の怒りを捨て去ることであるならば、その赦しは屈折した自己否定にもなりかねないというのである。

また、「赦し」は教区民全体の承認を得たうえでなされるので、被害者はかえって大変な重圧のもとで苦痛に耐えることを余儀なくされることもある、という指摘もあった。アーミッシュに限らず、教会ではしばしば性的虐待の事件も報告されるが、そうした際、人々は加害者を赦そうとするため、虐待から逃れた被害者は、赦しを強制する牧師や善意の支援者から、もう一度心に傷を負わされるともいう。

アーミッシュの「赦し」には矛盾があると指摘する声もあった。以前、一人のアーミッシュの女性が外部の男性と結婚するため、アーミッシュのコミュニティを離れざるをえなくなり、家族や友人たちから追放されたというケースがあった。すると、アーミッシュは、殺人犯は赦しても、外の人間と結婚した女性は赦さない、ということになり、そこに違和感があるというわけである。

矯正のための実力行使も、愛のうち？

だが、ここにはアーミッシュなりの理屈もある。赦しというのは、悪事を働いた者への憤りの気持ちを捨てることであって、そこでは加害者の悔悛は必要とならない。アーミッシュは現世の悪事を裁こうとせず、それをするのは神だと考えているからである。だが、教会ではメンバーの監督を神から命じられているのであり、仲間の魂が救われるために必要な裁きは下さなければならないというのである。アーミッシュは、現世の王国と霊的な王国とを分ける極めて宗教的な世界観に生きているのだ。

アーミッシュの赦すという行為は、しばしば悪の継続を可能にしてしまい、再びそれが繰り返される恐れがある、という指摘は多かった。社会の秩序や治安を維持するうえでの「赦し」の有効性に関する疑問である。銃撃事件に対するアーミッシュの態度を安易に一般化して、人間なら誰もが見習うべき理想的な姿勢だとすることには慎重であらねばならないというのである。

また、一部の人たちは、この事件の被害者遺族たちのコメントや態度を、自らの政治的主張を補強するために利用した。すなわち、当時ブッシュ政権が主導していた「テロとの戦い」を批判したい人たちにとって、アーミッシュの「赦し」とその実践は、自分たちの意見に説得力を加えるちょうどよい事例となったのである。アーミッシュに国の安全保障を担当させろとまでは言わなくとも、ワシントンの政治家よりはましだと言う評者もいた。ブッシュ大統領のキリスト教信仰と、アーミッシュのキリスト教信仰と、神はいったいどちらが正しいと思うだろうか、と問いかける者もいた。

平和のためには、確かに「赦し」が必要だ。しかし、現実問題として、私たちの誰もが人を赦せるようになれるとは限らない。仮に地球上の多くの人がアーミッシュのように振る舞ったとしても、それで本当に、この世から戦争やテロはなくなり、平和になるのか、本当に「正義」が実現し、それが維持できるのかも、定かではない。そもそも、何をもってして「赦し」とするかについて、キリスト教徒の間でも理解はさまざまである。

キリスト教諸派は、いずれも平和主義を自称している。しかし、はっきり言って、現実のキリスト教徒の大半は、絶対平和主義者ではないし、純粋な非暴力主義者でもない。アーミッシュのこのエピソードに多くの人々が驚き、感動したのは、キリスト教文化圏でさえそれが珍しいものであり、普通ではありえない姿勢だったからに他ならない。

ほとんどのキリスト教徒は、「愛」の実践を、そのまま非暴力主義や絶対平和主義の実践とはしてこなかった。後で詳しく述べるが、いわゆる正当防衛を認める者は多い。さらには、必要な実力行使でもって、敵や悪人を正しい道に矯正してやることこそが「愛」だと考えるキリスト教徒も少なくないからである。戦争と平和の問題に対するキリスト教徒の態度は、決して一様ではない。同じ信仰の持ち主の間でも、実際にはさまざまな葛藤《かっとう》があるのだ。

軍人たちの「祈り」

では、次に軍事の一側面に目を向けてみよう。戦争それ自体はもちろん「悪」だが、将兵の一人ひとりがみな、純然たる悪意のみで戦っているわけではない。彼らも何らかの形で信仰をもち、神に「祈り」をささげながら軍務に就いているという現実がある。

イギリス空軍勤務をへて神学研究の道に入ったという異色の経歴をもつピーター・クレイギは、『聖書と戦争――旧約聖書における戦争の問題』（すぐ書房）のなかで、第二次大戦における二人の軍人の「祈り」に触れている。

まず一人は、英国教会の牧師の息子として生まれ、イギリス陸軍で活躍し、後に元帥になったバーナード・モンゴメリーである。彼は第二次大戦時、ノルマンディ上陸を前にして、部下たちを激励した際のメッセージを次のように結んだという。「われわれは、祈ろう。個々の戦闘にあっては、勇ましい主〔神〕が、われわれとともにあるように。また、苦戦のときにも、主の格別なる摂理が、われわれに味方するように」。

もう一人は、同じ連合軍として戦車部隊を指揮し、その個性的なキャラクターから後に映画にもなったアメリカの将軍、ジョージ・S・パットンである。クレイギによれば、パットンは次のような「祈り」を書き残している。「陸路にあっても、海路にあっても、かつてわれらを栄光へと導かれた、われらの父なる神よ。願わくはあなたの聖霊による豊かな導きが、これからやってくるかつてなく激しい戦闘のうえに、引き続きありますように。われらに、ふたたび、勝利をお与えください。主よ、お願い致します」。

人類の過半数は何らかの信仰をもっており、軍隊でも、将軍から一兵卒まで、多くの人が「祈り」をささげる。そうした行為は、文化によっては人間として当たり前と見なされるがゆえに、「祈り」を専門とする要員を有する軍隊も珍しくない。そうした宗教専門の要員を「従軍チャプレン」(military chaplain)という。従軍チャプレンとは、これまで日本語では従軍牧師・従軍司祭などと訳されてきたもので、つまりは軍隊に専属の宗教家のことである。

さまざまな文学作品にも、従軍チャプレンは脇役《わきやく》として登場している。例えば、四人姉妹の青春を描いた、ルイーザ・メイ・オルコットの『若草物語』は、父親が南北戦争に従軍チャプレンとして出征しているため家を留守にしている、という設定の物語であった。また、『白鯨』で有名なハーマン・メルヴィルの遺作『ビリー・バッド』にも従軍チャプレンが登場するし、チェコの作家、ヤロスラフ・ハシェクの『兵士シュヴェイクの冒険』でも従軍チャプレンは重要な脇役となっている。

戦争映画では、『史上最大の作戦』『地獄の黙示録』『プライベート・ライアン』、そして宇宙人襲来を描いたSF映画『インデペンデンス・デイ』まで、数多くの作品に、ほんの一瞬ではあるが、従軍チャプレンが登場しているのである。

従軍チャプレン誕生の経緯

戦争をする組織である軍隊のなかに、愛と平和を唱える聖職者がその一員として組み込まれているのは、奇妙にも見えるかもしれない。彼らはどんな人々なのだろうか。一例として、世界で最も強い影響力をもち、日本とも関係の深いアメリカ軍における従軍チャプレン制度について、ごく簡単に見てみよう。

アメリカ軍では、チャプレンにも士官の階級が与えられているため、彼らは、例えば陸軍の少佐であると同時にプロテスタントの牧師であったり、カトリックの司祭であると同時に海軍の大佐であったりする。彼らは他の将兵と同じ軍服・迷彩服を着ているので、遠目には戦闘員とも区別がつきにくい。兵科としての「チャプレン科」は軍のなかでは「衛生科」や「法務科」などと同じ「特殊兵科」に位置づけられている。つまり専門的な知識・技能をもった軍人というわけなのである。

アメリカでチャプレン制度が誕生したのは、独立戦争が始まった一七七五年である。だが実際には、それよりも以前、一七世紀初頭にジェイムズタウンが建設されたばかりの頃から、聖職者が民兵たちによる戦闘や訓練に付き添うという文化があった。民兵徴集のための集会も、定期的な戦闘訓練も、また実戦における敵に対する攻撃も、牧師の説教や祈りで始められるのが普通であった。「他者」の殺戮《さつりく》を正当化し、また戦死者の名誉を称《たた》えるのも、教会と牧師の仕事だったのである。

当時の北米における共同体防衛は、経済的・物理的な事情から、一般市民からなる民兵によるしかなかった。その頃は今よりもはるかに教会と牧師の権威が強かったので、自然と民兵たちの組織や活動は教会・牧師と共になされるようになったのである。形式的にも内面的にも、アメリカの軍事は宗教と密接なつながりをもって発展していった。現在にいたるチャプレン制度も、基本的にはそうした歴史的文脈の延長上にあると言ってよい。

チャプレン制度は、現在の「陸軍規則」や「フィールドマニュアル」など、アメリカ軍側の資料によれば、いわゆる宗教的実践の自由（憲法修正第一条）を軍隊内でも保障するためにおかれていることになっている。陸軍チャプレン科のウェブサイトによれば、「チャプレン科」は陸軍の歴史において「歩兵科」の次に作られた二番目に古い兵科であり、設立以来多くの戦闘に従軍してきた実績をもつ、世界で最も古く、最も大規模なチャプレン組織であるとされている。

キリスト教史において、これまで司祭や牧師も武器を持って戦うことが珍しくなかったことを考えれば、従軍チャプレンもかつては他の兵士たちと共に戦っていたことは意外ではない。だが現在では、チャプレンは明確に「非戦闘員」と位置づけられ、武器の携帯や使用は禁止されている。捕虜になった場合も、国際的な取り決めとしては、戦闘員とは異なる処遇を受けるという建前になっている。

国内外にあるアメリカ軍の基地、そして士官学校など軍の教育・訓練施設には、たいてい礼拝堂が設置されている。コロラド州にある空軍士官学校の礼拝堂は、斬新《ざんしん》なデザインでも有名だ。洋上の巨大な空母のなかにも小さな礼拝堂があり、異なる教派の信者が交代でそこを使用しているのである。

陸軍チャプレン科のウェブサイトに掲載されている、チャプレンたちの自己紹介やコメントを見ると、チャプレンたちの使命感を支えているのは「愛国心」と「信仰心」の二つであることが窺《うかが》える。カトリックの司祭もプロテスタントの牧師も、それぞれ信仰を重視していることはもちろんなのだが、同時に軍人でもある以上、愛国心も不可欠な要素だとされているのである。

多様なアメリカを反映して

異なる教派が互いを尊重し、対話に基づく一致や協力をはかることを「エキュメニズム」

という。こうした運動や姿勢は、二〇世紀半ば以降の宗教的状況を代表するものの一つであるが、アメリカ軍内部では、現実的な要請から、一般社会よりもずっと早くからエキュメニカルな宗教的実践がなされていた。チャプレンであるために必要な条件の一つとしても、宗教的多元主義の状況に適応し、さまざまな信仰をもつ軍の構成員に公平に気を配ることのできる人物であることが挙げられているのである。

陸軍省が刊行しているチャプレン向けのマニュアルによれば、彼らは将兵の宗教上のニーズに応《こた》えねばならないのはもちろんだが、同時に、担当する基地や部隊の将兵の士気を維持する役割や、兵士たちの道徳面に関しても監督者的な役割を担うことが期待されている。すなわち、信仰・士気・道徳という三つを総合的にカバーすることが求められているのである。チャプレンの仕事は、具体的には、礼拝、洗礼、葬儀、結婚式などの儀式、各種記念行事、そして将兵一人ひとりへのカウンセリングなどが中心になる。だが、さらには、特に所属している部隊が海外にいる場合などは、自分たちの軍事行動が現地の宗教文化に与えうる影響を事前に予測して、指揮官に報告や助言を行うことも、チャプレンの任務の一つとされているのである。

普通の聖職者から軍の訓練課程を経て従軍チャプレンになった者もいれば、歩兵として軍に入隊し、やがてレンジャー部隊の教官にまでなった後、突如「啓示」を受けてチャプレンに転身したという者もいる。アメリカ軍のウェブサイトで紹介されているチャプレンは、教派のみならず、経歴や人種も多様であり、女性も多い。チャプレンの多様性は、そのままアメリカ軍構成員の多様性を反映していると言ってもよいだろう。

従軍チャプレンの存在は矛盾なのか

さて、こうした従軍チャプレン制度については、宗教史や軍事史など、さまざまな観点から考察が可能である。だが、やはり最も気になるのは、倫理的な問題であろう。典型的なものとしては、原爆投下時のチャプレンの姿勢が挙げられる。

陸軍でプロテスタントのチャプレンだったウィリアム・ダウニー大尉は、第二次大戦末期、陸軍第五〇九混成飛行隊のいるテニアン基地で任務に就いていた。彼はキリスト教徒として、もちろん人を殺すことは良いことだとは思わなかったが、戦争そのものを全面的に否定するにはいたっていなかった。そして一九四五年八月六日午前〇時、エノラ・ゲイが出撃する直前に、ダウニーは乗組員たちを前にして、次のようなお祈りをしてから彼らを送り出したのだった。

全能の父なる神よ、あなたを愛する者の祈りをお聞きくださる神よ、わたしたちはあなたが、天の高さも恐れずに敵との戦いを続ける者たちとともにいてくださるように祈ります。彼らが命じられた飛行任務を行うとき、彼らをお守りくださるように祈ります。（中略）そしてあなたのお力を身にまとい、彼らが戦争を早く終わらせることができますように。戦争の終わりが早くきますように、そしてもう一度地に平和が訪れますように、あなたに祈ります。あなたのご加護によって、今夜飛行する兵士たちが無事にわたしたちのところへ帰ってきますように。（中略）イエス・キリストの御名によって、アーメン。

（石川明人『戦場の宗教、軍人の信仰』八千代出版）

この祈りそのものは、戦争による殺人を肯定しているわけではないかもしれない。しかし、爆撃によって虐殺される一般市民への配慮は一切見られない。広島への一発の爆弾で瞬時に数万人が死に、エノラ・ゲイとその乗組員は全員無事に帰還した。この「祈り」は、神に届いたのだ（その後の長崎への原爆投下を含めて、被爆者の死没は三〇万人におよぶ）。

当時、同じテニアン基地には、カトリックのチャプレン、ジョージ・ザベルカもいた。彼もまた、原爆や戦略爆撃の恐ろしさと悪を感じるべきだったのに、当時は感じなかったと戦後になって回想している。ザベルカは、終戦間近にテニアン基地へスペルマン大司教（後に枢機卿《すうききょう》）が来て、彼がミサの時に将兵に向かって、「諸君戦い続けよ」「われわれは自由のために、正義のために、そして日本人が真珠湾を攻撃した際の恐怖を打ち負かすために戦っているのだ」と呼びかけたと証言している。

ザベルカによれば、おそらく他のチャプレンたちは、爆撃はひどいことではあるが必要だと感じていたのではないか、とも述べている。一九八三年に、生存している当時のチャプレンを対象になされたアンケートでは、六五パーセントのチャプレンが当時は原爆投下を支持していたと回答したのであった。

こうした話を念頭におくと、従軍チャプレンという存在には重大な矛盾があるように思われるだろう。戦争、殺人や破壊に直接手を貸しているわけではないにしても、結果として、そうした行為を容認、黙認し、支えているようにも見えるからである。

しかし、軍隊からチャプレンを排除すれば戦争がなくなるわけではない。死傷者が減るわけでもない。そもそも、戦争をするかどうかを決めているのは、政治家であり、国民全体である。軍人には、国防のための戦闘のみならず、災害派遣や平和維持活動など、困難で大変デリケートな任務をもまかされるのだから、彼らのなかにこそ、なおさらのこと良き宗教者がいなければならない、という見方もあるだろう。従軍チャプレンは軍に「必要」であり、今後もきちんと維持すべきなのか、それとも、こうした制度は宗教の「矛盾」であり、誤った信仰なのだとして批判すべきなのかは、簡単には結論を出せない。

キリスト教の戦争に対する態度は、神の名において戦争を肯定するか、あるいは断固として戦争に反対するかという、単純な二分法で捉《とら》えきれるものではない。「戦争」と「宗教」が交錯するところには、容易にその善悪を判断できないような、さまざまな伝統、思想、情緒、利害が絡み合っているのである。

では、以下の章から、戦争、軍事、暴力に対するキリスト教徒やキリスト教会のさまざまな関わり方を見ていくことにしよう。

第一章　ローマ・カトリック教会の説く「正当防衛」

最大の教派、ローマ・カトリック教会の立場

日本のキリスト教徒数は総人口の約〇・八パーセントで、そのなかではプロテスタントがやや多数派となっている。アメリカでも、その地におけるキリスト教史は新大陸の「発見」から考えればカトリックから始まったが、その後のアメリカはプロテスタントが多数派の国として発展した。

だが、世界全体で見るならば、全キリスト教徒約二三億人のうち、最も多いのはカトリックであり、その信者数は一二億人にのぼると推定されている。各プロテスタント諸派の合計は五〜六億人、東方正教会は二〜三億人、残りは、その他もしくは不明、というのが大まかな内訳である。

ローマ・カトリック教会は最も伝統のある教派として、これまで世界史全体で大きな存在感を示してきた。宗教団体としてだけではなく、あらゆる分野も含めた組織としても、カトリック教会ほど全世界に広く長い影響を及ぼしてきたものはないであろう。かつては教皇の

もとで、「十字軍」をはじめとするさまざまな暴力行為が行われたことは周知の通りである。その組織の頂点に立つローマ教皇の発言は、二一世紀の今もなお、強い影響力をもっている。

そこで、本章では、まずは最大の宗教組織であるローマ・カトリック教会における「戦争」に対する姿勢を概観することにしたい。

まず結論から言えば、カトリック教会は、現在でも軍事行動を全面的に否定しているわけではない。もう少し丁寧に言い直すと、確かに平和な世界を望み、戦争を悪として強く非難してはいるものの、現状においてはいかなる武力行使も認めないというわけではなく、正当防衛としてのそれは権利であるのみならず義務でもあるとして、条件付きの軍事行動には肯定的な立場をとっているのである。

もちろん、一二億人ものカトリック信者のなかには、絶対平和主義の立場をとる人たちも少なくない。平和のために暴力を拒否し、その信念を貫いて命を落としていった司祭や信者たちがいたことも忘れてはいけない。しかし、世界中のさまざまな環境で暮らしている信者を抱える巨大組織としての公式見解は、多くの人々が思い込んでいるほど純粋な絶対平和主義でもなければ、完全な非暴力主義でもないのである。

以下では、バチカンや教会の指導者層が戦争についてどのように理解しているのかを、公にされた文書等をとおして確認することにしたい。具体的には、ローマ・カトリック教会による『現代世界憲章』および『カトリック教会のカテキズム』、そして『教会の社会教説綱要』をとおして、その戦争理解を見ていくことにしたい。

「正当防衛は、重大な義務である」

通称『現代世界憲章』は、正式名は『現代世界における教会に関する司牧憲章』という。それは一九六五年の第二バチカン公会議で採択されたものであり、九三項（日本語訳でおよそ一〇〇頁）にわたって、現代人および世界と教会との関係を述べた文書である。その第二部「若干の緊急課題」の第五章において、戦争と平和の問題に関する立場が述べられている。『カトリック教会のカテキズム』（以下『カテキズム』と略記）は、日本語訳では約八〇〇頁からなるもので、教会および信仰に関する基本的な見方や考え方を、信者たちが学べるようにまとめたものである。戦争や武力行使に関する問題については、そのなかの第三編第二部第二章第五項で述べられている。

まず、『現代世界憲章』では、平和とは「単に戦争がないことでもなければ、敵対する力の均衡を保持することでもなく、独裁的な支配から生じるものでもない」としたうえで、「平和とは、人間社会の創立者である神によって社会の中に刻み込まれ、つねにより完全な正義を求めて人間が実行に移さなければならない秩序の成果である」とされている。

平和は建設され続けるものであって、そのためには各自が激情を抑えることと、正当な権力による警戒が必要で、さらには人々が信頼をもって精神と才能の富を互いに分かち合い、兄弟愛を積極的に実践することが求められるとしている。『カテキズム』の当該箇所でも、まずは「旧約聖書」における十戒《じっかい》のなかの「殺してはならない」という掟《おきて》、および「新約聖書」におけるイエスの非暴力の姿勢などが確認されている。

しかし、重要なのは、教会はこのように平和の大切さを述べつつも、同時に正当防衛については明確に肯定の立場を示している点である。そこでは、自分の生きる権利を他人の攻撃から守ることは正しいことであり、自分の命を守るためにやむをえず相手を殺すことがあったとしても、それは殺人の罪科を負うことにはならない、とはっきり述べられているのである。

確かに、非暴力的手段によって平和を推進しようとするのは正しいことであり、そうした人々については称賛しないわけにはいかないとしている。しかし、武力行使の断念が、他人または共同体の権利と義務を侵害するものとなってはならないともいうのである。

正当防衛は単に権利であるばかりではなく、他人の生命に責任を持つ者にとっては重大な義務となります。共通善を防衛するには、不正な侵犯者の有害行為を封じる必要があります。合法的な権威を持つ者には、その責任上、自分の責任下にある市民共同体を侵犯者から守るためには武力さえも行使する権利があります。（『カテキズム』二二六五項）

『カテキズム』におけるこの箇所では、トマス・アクィナスの『神学大全』における議論が念頭におかれている。トマスは一三世紀にすでにはっきりと正当防衛を認めていた神学者であるが、現代のカトリック教会も、基本的には彼の考えを踏襲しているのである。そして、その正当防衛というのは、個人的な範囲ではなく、国家レベルでも認められている。

戦争の危険が存在し、しかも十分な力と権限を持つ国際的権力が存在しない間は、平和的解決のあらゆる手段を講じたうえであれば、政府に対して正当防衛権を拒否することはできないであろう。国家の元首ならびに国政の責任に参与する者は自分に託された国民の安全を守り、この重大事項を慎重に取り扱う義務がある。（『現代世界憲章』七九項）

ここでは、不幸にして戦争が起きた時も、戦闘の当事者にはすべてが許されるわけではないとも付け加えられている。そして、「国民を正当に防衛するために戦争をすること」と「他国の征服を意図すること」は別であるとされているが、それは要するに、前者は認めているということに他ならない。

軍事力行使の四つの条件

すでに述べたように、第二バチカン公会議で『現代世界憲章』が採択されたのは一九六五年なので、つまりこれは第二次大戦の惨禍を十分認識したうえでの見解なのである。一人ひとりの国民、および為政者は、戦争を回避するために可能な限りの努力をせねばならないことは言うまでもない。正当防衛とは、あくまでも、どうしてもやむをえない場合の選択肢である。そこで、軍事力を行使することが許されるための条件として、次の四つのすべてがそろっていることが求められているとしている。

一、国あるいは諸国家に及ぼす攻撃者側の破壊行為が持続的なものであり、しかも重大で、明確なものであること。
二、他のすべての手段を使っても攻撃を終わらせることが不可能であるか効果をもたらさないということが明白であること。
三、成功すると信じられるだけの十分な諸条件がそろっていること。
四、武器を使用しても、除去しようとする害よりもさらに重大な害や混乱が生じないこと。

現代兵器の破壊力は強大なので、当条件についてはきわめて慎重に考慮すること。
（『カテキズム』二三〇九項）

これらの条件は、聖書や教会固有の価値観に直接由来するものというよりは、これまで倫理学や政治学などの分野で議論されてきた、いわゆる「正戦論」に沿ったものだと考えてよいであろう。

また、カトリック教会では、戦争を遂行するにあたっては、敵側の非戦闘員、負傷兵、捕虜などに対しては「人道的精神」をもって接しなければならないとされている。都市や広い地域を無差別に攻撃することは「神と人間に対する犯罪」であるという。軍事行動の非人道性を抑止することを目的として、現在では種々の国際条約や協定があるが、それらはきちんと履行されねばならないし、その分野の専門家は戦争の残忍さをより有効に阻止できるよう、協定の改良に努力すべきだとも述べられている。

正しい条件のもとであれば武力行使は容認されるとしている以上、次のように、職業軍人として祖国の防衛に従事することも十分に認められているのである。

祖国への奉仕に専念して戦線に従事している者は、自分が諸国民の安全と自由のための奉仕者であると考えるべきである。この任務に正しく従事している間、彼らは真に平和の確立に寄与している。

（『現代世界憲章』七九項）

武力行使それ自体はもちろん好ましいものではないが、軍人として正当な目的のために任務に就くことは決して否定されるものではなく、むしろ「平和の確立に寄与」するものでもあると認められている。すなわち、軍務と信仰は必ずしも矛盾しないのである。

同じく第二バチカン公会議で採択された『教会における司教の司牧任務に関する教令』という文書では、軍隊に専属の聖職者である従軍チャプレンを設置することについても積極的な言及がなされている。

軍人の霊魂の世話については、彼らの生活条件が特殊であるために、特別な配慮が必要とされる。したがって、各国に、力に応じて従軍司教代理区を設立しなければならない。従軍司教代理も従軍司祭も、ともに教区司教と一致協力して、この困難な仕事に熱心に献身しなければならない。

したがって教区司教は、この重大な任務に適した、十分な数の司祭を従軍司教代理にゆだね、同時に軍人の霊魂の善を向上させるための事業を支援しなければならない。

（『教会における司教の司牧任務に関する教令』四三項）

この文書によれば、カトリック司祭が従軍チャプレンとして軍隊のなかで働くということは、戦争や武力行使そのものを宗教的に正当化するためというよりは、あくまで特殊な生活条件下にある軍人の霊魂に対する配慮によるものであることを、少なくともその建前としていることがわかる。

さて、軍務に就くことや従軍チャプレンの存在が肯定されている一方、武器を手に取ることを拒否する権利、いわゆる「良心的兵役拒否」も認められており、政府はそうした態度をとる者に対して公正に対処せねばならないとも述べられている。ただしそこでは、次のように代替役務を課すことを条件とした言い方になっている。

良心を理由に兵役を拒否する者については、彼が別な方法で人間の共同体に奉仕する用意があるかぎり、法をもって人間的な待遇が得られるよう定めることは正しいと思われる。

（『現代世界憲章』七九項）

これを読むかぎりでは、教会は積極的に良心的兵役拒否を勧めているというよりは、そうした選択肢も可能である、という程度のニュアンスであるようにも解釈できる。

「いかなる戦争もない時代」への準備

カトリック教会は、兵器の技術的な進歩、そして特に軍拡競争には強い懸念を表明している。軍備を充実させることによって仮想敵国からの攻撃を抑止しようとするやり方には「倫理的疑問」の余地があるというのである。軍拡競争は対抗軍備に拍車をかけるので、平和を保障しない。そもそも、新しい兵器製造に用いられる巨万の富は、本来は貧しい人たちの救済にあてられなければならないものだという。したがって、軍拡競争は「人類にとってもっとも重い傷」であり、「貧しい人々を耐えがたいほどに痛めつけるもの」であるともいう。そして次のように呼びかけている。

人類が可能なものとした災難から警告を受けたわれわれは、神から与えられ、今なお手中にしている猶予を利用して、自分の責任をいっそう自覚し、今あるわれわれの紛争を人間にふさわしい方法をもって解決する道を見いだすように努力しようではないか。神の摂理は、われわれがつねに戦争に訴えるという古来の悪習を断ち切ることを切に求めている。

(『現代世界憲章』八一項)

確かに正当防衛は認められているが、もちろん、そうしたものを認めざるをえない世界が望ましいわけではない。長期的には、いかなる戦争もない時代を準備するために全力を尽くさなければならないとされているのである。そのためには「すべての国によって承認され、すべての国に対し、安全保障と正義の遵守および権利の尊重を確保しうる、有効な権限を備えたある種の普遍的公権の設置が確かに必要」（同、八二項）であるともされている。ただし、その「普遍的公権」が非武装なのか否かについては触れられていない。

また、平和は兵器の恐怖によって押し付けられるものではなく、人々の相互信頼から生まれなければならないというが、軍縮もとにかくそれを推進すればいいというわけでもないようである。「軍縮を実際に始めるためには、一方的にではなく、協定などによって歩調を合わせ、真実で有効な保障の裏づけのもとに進めるべきである」（同、八二項）と述べられているのである。ただやみくもに軍備をなくせというのではなく、現実の軍事バランスについても考慮していることが窺える。

テロとの闘争――二一世紀における戦争理解

以上見てきた『現代世界憲章』および『カテキズム』は、二〇世紀後半につくられたものであるが、二一世紀に入ってから、あらためて『教会の社会教説綱要』という本が「教皇庁正義と平和評議会」によってまとめられた。

これは、人権・家庭・労働・経済・政治・環境保護など、社会のさまざまな問題に関する教会の姿勢についてまとめられたものである。「前書き」を書いたマルティーノ枢機卿によれば、これは「社会領域におけるキリスト者――とくにこの領域に特別なかかわりを持つ一般信徒――の活動を支え、促進させることを目的」として書かれた。その第二部第一一章において、戦争と平和について触れられている。

この『教会の社会教説綱要』で述べられていることの基本線は、『現代世界憲章』や『カテキズム』におけるそれと大きな違いはない。だがここでは、前の二つよりも後に出された教皇ヨハネ・パウロ二世による「世界平和の日メッセージ」なども引用される形になっているため、若干の新しい表現が見られ、また子供兵やテロリズムなど、比較的最近の問題にも多く言及されるようになっている。

まず、戦争とは「あらゆる真のヒューマニズムの欠如」であり、「得るところのない冒険」であり、「それはつねに人類の敗北」であるとされる。それに対して平和は「正義の果実」であり「愛の果実」だと表現されている。そして「暴力は決して正当な手段ではありません」「暴力は、信仰の真実、人間性の真実に反する」とあらためて強調されている。

しかし、それでもやはり、侵略戦争が勃発《ぼっぱつ》してしまった悲劇的な状況では、「攻撃を受けた国家の指導者は、武力を行使してでも防衛する権利と義務があります」（『教会の社会教説綱要』五〇〇項）と述べられているのである。正当防衛のために武力を用いる「権利」は、侵略行為に対して自己防衛力をもたない罪のない犠牲者を保護し救援する「義務」と不可分なのである。もちろん、正当防衛としての武力行使は、先にも述べた四つの条件がそろった場合にのみ承認されるものであり、攻撃が差し迫っているという明らかな証拠もなく「予防戦争」を起こすことは認められない。

正当防衛としての武力行使が権利であり義務でもある以上、国家が軍隊をもつことも正当であるとされる（同、五〇〇―五〇三項）。そして、やはりここでも、良心的兵役拒否をする際には「別の奉仕形態を受け入れる用意ができていなければなりません」と書かれている。

この『教会の社会教説綱要』では、子供や青少年を兵士として利用することに対しても強く批判がなされている。いかなる軍隊も子供を兵士とすることはやめるべきであり、戦闘経験のある子供については、彼らを世話し、教育し、そして社会復帰させるために、できるかぎりの援助をせねばならないという。

そしてテロリズムについては、「今日の国際共同体を混乱させているもっとも野蛮な暴力形態の一つ」（同、五一三項）であるとして、それは絶対に否定されるべきであり、だからこそ「テロ行為に対する自衛権が存在する」という教皇ヨハネ・パウロ二世の言葉も引用されているのである。

具体的にどういったものを念頭においているのかは書かれていないが、神の名のもとにテロを行うことは冒瀆《ぼうとく》であり、不謹慎であり、テロ行為を行いながら死ぬ者を「殉教者」とするのは殉教の概念を歪曲《わいきょく》しているとされている。殉教とは、「神および神の愛を否定しないために自らの身を死に渡す人が行うあかし」であり、神の名において命を奪う行為ではないからだというのである。

そしてテロに対する姿勢についても、再び教皇ヨハネ・パウロ二世の言葉が引用されている。テロとの闘争に向けた国際協力は、「抑圧や制裁に訴える手段では不十分です。たとえ武力行使が必要な場合でも、そのとき伴わなければならないのは、テロ攻撃の背後にある動機の、勇気ある、正確な分析」であり、さらに「政治と教育のレベル」での特別な関与も必要だとされている（同、五一四項）。

戦争に対するさまざまな態度

ローマ・カトリック教会と一口にいっても、歴史が長く信者の数も多いので、そこにはさまざまな人物がいる。

カトリック教会の総本山、バチカンにあるシスティーナ礼拝堂は、ミケランジェロによる壮大なフレスコ画で有名である。彫刻家を自認していたミケランジェロに、やや強引にまずその天井画を描くよう指示したのは、当時の教皇ユリウス二世であった。ユリウス二世の在位は一〇年程度であったが、彼はミケランジェロに加え、ラファエロやブラマンテなども援助して創作をさせるなど芸術家を保護し、ルネサンス美術に重要な影響を与えた。

だが、その一方で、この教皇は教会の権威を守るために、自ら鎧《よろい》を身につけて剣を持ち、戦場の最前線に赴く軍事指導者でもあった。そのため彼は「軍人教皇」と呼ばれることもある。教皇が武器を手にして軍を指揮するなど、現代では考えられないことであるが、他にも一二世紀のルキウス二世など、歴代教皇のなかには自ら剣を携えて戦場に赴く者は珍しくなかったのである。

アジアに目を向けるなら、伊藤博文《いとうひろぶみ》を暗殺した安重根《アンジュングン》も、実はカトリックの信者であった。朝鮮に吹き荒れた外国人排斥《はいせき》運動（東学党《とうがくとう》の乱）に抵抗するために、安は義兵として参加したが、敗れてローマ・カトリックの教会に落ち延びる。そこで彼はキリスト教に帰依するきっかけを得て、神父から洗礼を受けてトマスという洗礼名をもらったのである。

一九〇九年、ハルビン駅で伊藤を暗殺した時、安は「天主よ、ついに暴殺者は死にました、感謝いたします」と言ったと伝えられている。また、彼が獄中から妻に宛《あ》てた最後の手紙では、自分の長男を神父にするようにも頼んでいるほどであった。韓国のカトリック教会は、安の死後、犯罪者とされていた彼の名誉を回復し、韓国人初の枢機卿である金寿煥《キムスファン》も、安の殺人行為は正当なものだと発言した。さらに二〇一一年には、韓国のカトリック信者のあいだで、バチカンに対して安を「聖人」に準じる「福者」に推薦しようとする動きもあることが報道された。

アウシュヴィッツの強制収容所で、他の囚人の身代わりをかってでて死んでいったコルベ神父のような人物もいれば、積極的に戦争やその他の暴力行為に関わった人物もいる。多くの信者たちはさまざまな政治・経済・生活環境のなかで生き、それぞれの歴史や価値観を背負っている。実際の信者たちの間には多様な考えや行動があり、決して一枚岩ではない。

正戦論や正当防衛に触れない日本のカトリック教会

例えば、現在の日本のカトリック教会は、『カテキズム』や『現代世界憲章』で明らかに示されている「正戦論」や「正当防衛」を認める考えには、まったくといっていいほど触れていないのである。

日本のカトリック教会指導者層は、これまで平和問題に関して多くのメッセージや抗議声明を発表している。二一世紀初頭では、例えば、首相の靖国神社参拝（二〇〇五年）、中国のチベット人弾圧（二〇〇八年）、オスプレイの普天間《ふてんま》基地配備（二〇一二年）、特定秘密保護法案（二〇一三年）、集団的自衛権行使容認の閣議決定（二〇一四年）など、具体的諸問題への反対や抗議である。

「集団的自衛権行使容認の閣議決定についての抗議声明」は、日本カトリック司教協議会・常任司教委員会の名で、内閣総理大臣安倍晋三《あべしんぞう》に宛てて書かれた。それは、憲法の基本理念に抵触するこのような解釈の変更を、一内閣の決定によって行うことは本来できないはずだと安倍内閣を強く批判し、次のように述べている。

わたしたちカトリック教会は、現代世界の状況の中で、軍備増強や武力行使によって安全保障が確保できるとする考えは誤っていると確信しています。それは国家間相互の不信を助長し、平和を傷つける危険な考えです。また今ここで、平和憲法の原則を後退させることは、東アジアの緊張緩和を妨げ、諸国間の対話や信頼を手の届かないものにしてしまいます。（中略）

対話や交渉によって戦争や武力衝突を避ける希望を失ってはなりません。たとえ、それがどれほど困難に見えても、その道以外に国際社会に平和をもたらす道はないのです。

二〇一五年は戦後七〇年にあたるため、日本カトリック司教団は再び「平和を実現する人は幸い――今こそ武力によらない平和を」という声明文を発表した。

そこでは、まず、これまで世界のカトリック教会は、軍拡競争や武力による紛争解決に対して反対する姿勢をとってきたと述べられている。そして、自分たちの主張は「何らかの政治的イデオロギーに基づく姿勢ではありません」としたうえで、日本の歴史認識、特定秘密保護法、集団的自衛権の行使容認、沖縄の基地問題などに強い懸念を示している。そして、戦後七〇年は第二バチカン公会議閉幕五〇年でもあるので、「平和を実現するために働き続けることを改めて決意します」と結ばれている。

この文章は全体として、過去や現在についての反省・批判においては実に具体的である一方で、「改めて決意」する、というところの「平和を実現」させるための「働き」とは結局何なのかについて、具体的には述べられていない。日本の歴史認識、特定秘密保護法、集団的自衛権の行使容認、沖縄のアメリカ軍基地などに批判的な姿勢をとることが「平和を実現」させるための「働き」だというのだとしたら、それはキリスト教信仰と直接は関係なく、世俗的な政治運動によって解決されうる問題であるようにも思われる。

日本のカトリック司教団などから出されている「戦争」「平和」に関連する声明文には、バチカンから出された文書にあるような、正当防衛や正戦論的考えは皆無である。軍人や自衛官の働きを認め、従軍チャプレンの役割を肯定する文章も一切ない。一連の文書は、憲法九条の意義を評価し、とにかくそれを守るべきだという姿勢を基本とし、戦争や軍事に関するものはとにかく全面的に否定するという、素朴な姿勢で貫かれているのである。

時代とともに変容する戦争

繰り返しになるが、実際のカトリック信者や司祭は、決して一枚岩ではない。戦争と平和に関する彼らの振る舞いや意見には、実際には幅があるということは十分認識しておかねばならない。とはいえ、ここで見てきた『現代世界憲章』『カテキズム』『教会の社会教説綱要』などの内容は、やはりカトリック教会の一つの基準であることは認めざるをえないであろう。これらの文書等を見るかぎりでは、現代のカトリック教会は、戦争に対してもちろん否定的ではあるものの、決して一〇〇パーセント純粋な非暴力主義を貫こうとしているわけではないのである。

また、ここまで見てきた文書はいずれも学術論文ではなく、一般信者に向けて書かれたものなので、総じてシンプルな記述にとどまっている。したがって、理解が困難な部分はほとんどないが、「戦争」や「正当防衛」など、基礎的概念についての定義や再検討はなされていないため、疑問が残る部分も少なくない。

さまざまな指摘が可能だが、例えばその一つは、クラウゼヴィッツが『戦争論』第六篇「防御」で述べた、「戦争」概念は攻撃ではなくむしろ防御によって発生するという指摘などとの関連である。

クラウゼヴィッツによれば、「攻撃」側が目的とするのは、相手の領土や物品の略取であって、闘争そのものではない。戦わずにそれらを獲得できるなら、それにこしたことはない。したがって彼は「侵略者は常に平和を愛好する」とさえ表現する。それに対して、「防御」側の目的は、純粋に相手を撃退すること、つまり戦闘に他ならないので、結局「戦争」概念は防御とともに発生し、「戦争に対する心構えは、侵略者の側よりもむしろ防御者の側にある」というのである。

クラウゼヴィッツについての批判的検討は保留にするが、さしあたりこのような論理で考えるならば、たとえカトリック教会がアウグスティヌスの『神の国』やトマス・アクィナスの『神学大全』などの神学的伝統や、教皇や公会議の権威を根拠に議論しようとも、現に正当防衛を認める以上、結局それは戦争を肯定することにもなりかねない。

戦争は極めて複雑な事象なので、平和については戦争そのものに関する十分な考察のうえで議論されねばならない。同じ「戦争」であるからといって、戦国時代の戦いを念頭に太平洋戦争について議論しても無意味であるように、太平洋戦争のイメージだけで二一世紀の戦争は語れない。戦争は時代とともに常に変化していくので、私たちは常に新たな軍事・戦略環境を念頭におく必要がある。

『教会の社会教説綱要』でテロや子供兵などについても言及されたのは、その時代ごとに戦争問題の重心が変化することを、ある程度認識できているからであろう。真摯《しんし》に戦争と平和について議論をするならば、宗教家の間でも、新たな戦争論や戦略論に目を配り、これまで当然のように用いられてきた概念、あるいは議論の枠組みを再考することも求められるであろう。

第二章

武装するプロテスタントたち

宗教改革とプロテスタント

では次に、プロテスタントと戦争の関わり方に目を向けてみよう。念のため述べておくと、「プロテスタント」というのは、特定の教派を指す言葉ではない。プロテスタントとは、一六世紀の宗教改革以降、ローマ・カトリック教会から分離して新たに組織された多様なキリスト教諸派を、大まかにくくっているだけのカテゴリーである。各教派の信仰理解や現実社会への関わり方は実にさまざまなので、戦争・平和問題についても、プロテスタント全体として統一した立場や考え方があるわけではない。したがって、プロテスタントの戦争理解はどのようなものか、という問いを立てることはできないのである。だが、とりあえず本章では、プロテスタントによる戦争や暴力への積極的な関わりの例を、いくつか簡単に見ていくことにしたい。

一般に宗教改革は、一六世紀にマルチン・ルターがローマ・カトリック教会の腐敗に異議を申し立てることによって始められたとされる。具体的には、ルターが教会の扉に「九五箇条の提題」を張り出した一五一七年の一〇月三一日がその始まりとされ、今でもその日は「宗教改革記念日」となっている。しかし、実際には、ルターがそれまで誰も考えなかったことをその時初めて主張し、突如歴史が動き始めたというわけではない。

歴史上どんな社会的変化にも、常に胎動《たいどう》の期間というものがある。一部の人々の間で何らかの問題意識が芽生え、ゆっくり育《はぐく》まれ、やがて水面下で同調する人々が増えていく。それは次第に静かな圧力となり、それまで止まっていた時代の歯車を軋《きし》ませ、回そうとし始める。宗教改革の場合、その先駆けとなったうちの一人として、一五世紀のヤン・フスが挙げられる。フスとその追従者たちの約一〇〇年後に、ルターという強烈な個性をもった男が現れた。ルターはあらためて大きな声を張り上げ、歴史の歯車に体当りするように最後の決定的な一押しをして、それは完全に回り始め、もう誰にも止められないものになったのである。

ここで注目したいのは、より純粋で正しい「信仰」に立ち戻ろうという運動であった「宗教改革」においても、戦争・暴力はそのプロセスのごく初期から普通に見られたという点である。イエスの教えを見つめなおし、これまでの堕落《だらく》した教会や信仰を修正しようとした最初期プロテスタントたちにおいてさえ、暴力や武力行使は極めて現実的な問題であった。フスの時代においてさえ、人々は必ずしも戦闘行為に躊躇《ちゅうちょ》しなかったのである。

フスの信奉者たちによる戦い

ヤン・フスは、ボヘミア（チェコ）の神学者である。彼はイギリスの神学者ジョン・ウィクリフの改革思想に共鳴し、教会刷新運動の指導的立場にいた。やがてフスはプラハ大学の総長にまでなる。しかし、聖職者の土地所有やカトリック教会による贖宥状《しょくゆうじょう》の販売などを批判したため、コンスタンツ公会議に呼ばれ、異端として火あぶりの刑に処せられてしまう。一四一五年の七月、彼はまだ四五歳（前後）であった。

フスが火あぶりの刑で殺されたのを知らされると、チェコ人は激怒して、処刑を決めた公会議に対して強い批判の声をあげた。多くの人々は、フスを学者としても一人の人間としても尊敬していたからである。誤った教皇や司教を激しく非難するフスの宗教改革説に共鳴する人々はフス派と呼ばれた。彼らの間では必ずしもすべてにおいて意見が一致していたわけではないが、フスを裏切り処刑したドイツ皇帝ジギスムントや教皇庁を憎む点では一致していた。

やがてフス派の活動が活発になると、教皇マルティヌス五世は異端撲滅をかかげて対フス派十字軍を結成する。約八万人の兵士が集結してプラハに押し寄せ、彼らは途中でフス派の人々を川に投げ込み、火刑に処すなどした。同時にジギスムントがプラハにやってきて、王宮を占領してボヘミア王としての戴冠式《たいかんしき》を挙げる準備を始めたので、とうとうチェコ人たちの怒りは頂点に達し、大反乱が起こった。フス派のなかで、ラディカルな運動をしていたタボル派というグループがあった。このタボル派を率いたカリスマ的軍事指導者が、ヤン・ジシュカという男である。

ジシュカは下級貴族の出身で、若いうちに故郷を飛び出して傭兵隊《ようへい》に身を投じたと言われている。彼はその時にタンネンベルクの戦いでポーランド側の軍人として勇敢に戦い、ドイツ側を打ちのめして有名になった。その軍事的名声によって祖国ボヘミア王国の宮廷に招かれ、一〇年近く宮仕えをしたのだが、その際にフスの教えに感化され、熱烈なフス派となったのである。

一四二〇年、ジシュカはタボル派の人々で軍を組織してプラハへ赴き、苦闘の末に憎きジギスムントの軍を二度も打ち破った。翌年ジギスムントはもう一度、今度は二〇万の大軍でプラハに向けて進撃するが、戦意も低く統一的な指揮を欠いた彼らは、ジシュカの軍がやってきたという情報に接しただけで混乱に陥り敗走した。ジシュカの軍が強かったのは、精神的な面と物理的な面の両方で、彼らには優れた面が多かったからだといわれている。

まず、タボル派は貧しい農民や職人など戦争の素人から構成されていたが、説教師たちによって、この世の悪を除去したうえで千年王国を建てようと鼓吹《こすい》されていた。そのため彼らは、この戦いは神の正義をこの世に実現させるための聖なる戦いであると考え、その士気は非常に高かったのである。

そして、ジシュカはその豊富な戦場体験から、農具を武器として利用する方法を彼らに教えた。特に、脱穀で用いる「殻竿《からざお》」の先端に鉄釘《てつくぎ》を打ち付けたもので武装した勇猛果敢な農民は、ジギスムントの軍に恐れられた。またジシュカは、いちはやく大砲と小銃などの火器も活用したのであった。そして、複数の馬にひかせる大きな馬車は、運搬に役立っただけでなく、戦闘の場では防御用の堅固な柵《さく》として利用され、都市や城の攻囲戦の時だけでなく野戦の際にも大砲を使うことを可能にしたのである。

ジシュカは一四二四年に、進撃の途中で病死してしまう。彼に代わって新たな指揮官となったのは、プロコプという説教師である。プロコプもフス派軍の指揮官として、軍を見事に率いてみせた。ジシュカの死の二年後に行われた戦いでは、プロコプの軍はドイツの諸侯・騎士を中心とした十字軍を迎え撃ち、実に勇敢に戦った。敵兵の死体は麦束のように野原に散乱し、ドイツ騎士の多くが跪《ひざまず》いてプロコプの兵士らに命乞いをしたと伝えられている。

世界史の教科書では、フス戦争はドイツの支配に対するチェコ人の民族運動としての性格をもっていた、と解説されている。確かにその通りであるが、宗教戦争的な色彩も濃厚だったことは言うまでもない。これは確かに「万軍の神」の名において戦われた戦争であった。そもそも、フスが強く共鳴していたウィクリフも、いわゆる絶対平和主義者ではなかった。

ウィクリフは、キリスト者は軍務にたずさわらないでいることが理想だとしながらも、戦争は神の愛のため、何らかの非を正すために行われることがあるという考えを認めていたのである。

宗教改革者たちの運動は、形骸《けいがい》化し堕落したローマ・カトリック教会のあり方に異議を唱え、本来の信仰に立ち戻ろうという姿勢に基づいている。そこでいう「本来の信仰」とは、新約聖書にあるイエスの言葉やパウロの書簡などを根拠としているので、その運動に関わった人々は、いわゆる非暴力主義や平和主義の教えを知らなかったはずはない。フス自身は戦争をしたわけではないが、彼の信奉者たちのうち、少なくとも指揮官ジシュカと彼に率いられた多くの人々は、武力行使が自分たちの信仰と矛盾するとは考えず、むしろ信仰のために戦うのは当然だと考えていたのである。

暴動に対するルターの非難

さて、ではフスの火刑から約一〇〇年後、「宗教改革」の立役者となったマルチン・ルターは、現実の暴力や戦争に対して、どのような態度をとっていたのだろうか。

宗教改革の火蓋《ひぶた》が切って落とされてからおよそ五年後、ドイツ西南地方で農民反乱が起こり、各地に拡大した。農民たちは「神の前では万人が平等である」というルターの考えを自分たちの要求と結びつけ、賦役《ふえき》の軽減、十分の一税の撤廃、聖職者を選ぶ権利などを、聖書を根拠に要求したのである。ルターも当初はそれを妥当なものとして支持した。しかし、反乱がさらに広がり、急進的な改革を唱えるトマス・ミュンツァーらの指導のもとで反乱が過激化していくと、ルターはこれを厳しく非難するようになった。彼は暴動を起こした農民らを武力で抑えこむよう呼びかけたのである。ドイツの三分の二にまで広がった農民の反乱は、やがて内部の分裂と諸侯の武力により鎮圧され、これは後に「ドイツ農民戦争」と呼ばれるようになった。

ここで注目したいのは、破壊や流血・殺人がかなりひどくなったこの農民たちの暴動に対する、ルターの激しい非難の口ぶりである。中高生が使う教科書では紹介されていないが、それはおよそ「平和主義」とはほど遠いものだったのである。例えば、ルターは「農民の殺人・強盗団に抗して」(『ルター著作集』第一集六、聖文舎)という文章の中で次のように述べている。

彼らは暴動を起こし、彼らのものではない数々の修道院や城砦《じょうさい》を暴力をもって略奪し破壊している。そのことによって彼らは公然たる追いはぎや殺人者として、その肉体や魂が二重に死に値するものとなるだけである。そのうえ、暴動の惹起《じゃっき》者であることが証明された者は、すでに神の法と帝国の法の《保護の》外に置かれたものであるから、彼を最初に殺害しえた者の行為は、正しくあり、またよろしきにかなうものである。なぜなら公然たる暴徒にたいしては、だれでも彼をさばきまた刑を執行してよいからである。

それゆえなしうる者はだれでも、ひそかにであろうと公にであろうと、彼らを打ち殺し、絞め殺し、刺し殺さなければならない。そして暴徒ほど有毒にして、有害な、また悪魔的なものはないのだということを忘れてはならない。狂犬を打ち殺さなければならないときと、事情は同じである。

暴動を起こしている農民は狂犬と同じであり、殺して当然だというのである。ルターは新約聖書のパウロの言葉を念頭におきながら、神の権威によって正当に剣を持つ者には悪を食い止める「義務」があり、悪を放置してはならないという。そして、「ここで寝ていてはならない。ここでは、もう忍耐も憐《あわ》れみも必要でない。いまは剣と怒りの時であって、恵みの時ではない」とも述べている。彼の言葉は実に苛烈《かれつ》である。

敬虔《けいけん》なるキリスト者は、農民たちの言い分に、毛筋ほどでも承諾をあたえるくらいならば、むしろ百度も死んだ方がましだ。

なしうるものはだれでも刺し殺し、打ち殺し、絞め殺しなさい。そのために死ぬならば、あなたにとって幸いである。これ以上祝福された死はあなたにありえない。というのはあなたは神の御言《みことば》と命令〔ローマ一三・一〕に従い、また地獄と悪魔のきずなから、あなたの隣人を救い出す愛の奉仕のうちに死ぬのだからである。

人間ルターの限界

このようなルターの態度は、しばしばルターの欠点、ないしは過ちとされ、批判されてきた。宗教改革者としてのルターの生涯は、確かに人類史に大きな影響を与え、彼が命をかけてなした行動には敬意を払うべき点も多くある。彼の書き残した思想は、現在でも研究に値する。しかし、農民戦争におけるこのような反応については、現在のルター派教会の信者たちも弁護するのは難しいだろう。

日本におけるルター研究の第一人者で、自身もルター派教会の牧師である徳善義和《とくぜんよしかず》も、「私はこの農民戦争の経過の中でマルチン・ルターの取ったあり方を、ルターの汚点というように呼ぶことはしないまでも、人間マルチン・ルターの限界だというように思えてなりません」(『マルチン・ルター――生涯と信仰』教文館)と述べている。

ルターの一連の発言は、単にその時の直情的な憤りから生じたものではない。それらは主に、「神の国」と「この世の国」、「霊的統治」と「この世の統治」との関係についての彼の神学と密接に関わっており、その思想全体のなかで検討される必要がある。ルターのとった姿勢は、宗教改革者や現代のルター派教会の信者を代表するわけではないし、こうして言葉の表面だけを紹介することは、ひょっとしたら誤解を招くかもしれない。彼は別の文章においては、武力行使に訴えることを禁じる言葉も残しているのである。

しかし、それでもやはり、実際のおぞましい暴動・戦争を目にしたルターが、かなり過激な意見を述べたことは否定できない事実である。愛と平和を祈っているはずの人間も、壮絶な現実を前にしてはこのように考えることがあるという一例として、以上のことを紹介しておくのは決して余計なことではないだろう。

ルターの戦争・軍人観

では続けて、ルターの戦争や軍務に対する考えについて、簡単に見ておきたい。

以下であらためて確認できるのは、ルターはやはり絶対平和主義者ではないということである。彼は戦争という営みも是認される場合があることをはっきりと述べ、軍務というものも、あくまで一つの仕事、正当な職務と見なしているのである。彼は「軍人もまた救われるか」(『ルター著作集』第一集七、聖文舎)と題した文章で、次のように述べている。

思うに、剣は悪人を罰し、信仰者を守り、平和を維持するために神が設けられたのである。ローマ一三章〔一節以下〕、第一ペテロ三章〔一三節以下〕から、戦争や虐殺、また戦争の経過と戦時法がもたらすものが、神によって設けられたということも十分力強く証明される。戦争とは、不正や悪を罰するものでなくて何であろうか。平和と従順を得る以外に、何のために人は戦争をするのであろうか。

ルターがここで念頭においているのは、新約聖書「ローマの信徒への手紙」一三章である。それはパウロによって書かれたもので、次のような一節である。「人は皆、上に立つ権威に従うべきです。神に由来しない権威はなく、今ある権威はすべて神によって立てられたものだからです」「権威者はいたずらに剣を帯びているのではなく、神に仕える者として、悪を行う者に怒りをもって報いるのです」。これらを根拠の一つとしながら、ルターは職務として人が兵役に就くことを肯定しているのである。

だから、軍職に関して、それが悪人を罰し、不正な者を虐殺し、あのような悲惨をまねくことをみると、それは全く非キリスト教的な仕事であり、確かにキリスト教的な愛に反するようにみえる。しかし、それが信仰者を守り、それによって婦人や子供、家や敷地、財産、名誉、平和を支え守ることを見れば、その行ないがどんなに尊く、神的であるかということがわかり、私はその職務も、全身が滅びないように足や手を切り落とすものであることに気づくのである。

ルターは次のように続けている。

というのは、剣が保護せず、平和を維持しないとすれば、世界中のすべてのものは争いのために滅びてしまうにちがいないからである。それゆえ、このような戦争は永久的な、はかり知れないほどの争いを防ぐための小さな短い争い、大きな不幸を防ぐための小さな不幸、にほかならないのである。

「軍人は神から戦う技量を受けている」

もちろんルターは、戦争というものがいかに人々に災いをもたらすかは知っているという。

しかし、彼は、人が戦争によって防いでいる災害はその何倍も大きいものであるということもちゃんと考慮すべきだというのである。地上のあらゆる人が信仰深く、進んで平和を維持するのであれば、戦争は最大の災害となるが、人が他人の財産を強奪し、犯し、殺すということは現にあるのだから、そうしたものからは剣をもって防ぐしかないと述べているのである。

あなた自身、自分でも考えてみなさい。もし人が、戦争はそれ自体で不正な事態であると認容すれば、したがってその他すべての事態も認容し、不正なものとしなければならないだろう。もし剣が、戦争において不正であるとすれば、悪人を罰し、平和を維持する場合にも不正なものであることになろう。要するに、剣のすべての働きは、不正なものでなければならないことになる。いったい、正しい戦争とは、悪人を罰し平和を維持することでなくて何であろうか。盗人、人殺し、あるいは姦通《かんつう》する者を罰するとき、それは個々の悪人に対する罰である。それに対して、戦争が正当に行われるとき、悪人の大集団全部を一挙に罰するわけである。

ルターによれば、軍人は神から戦う技量を受けているのだから、そうした能力を実際に用いることは正当であり、それによって給与を受けてよいとする。職業として軍人であることには何の問題もなく、それもまた「愛の律法に発する職業」だとさえ述べている。

ルターが軍人たちについて懸念しているのは、彼らが迷信的な行いをすることであった。軍人が、ドラゴンと戦ったとされる聖ゲオルギウスや、旅人の守護聖人とされる聖クリストフォルスなどを崇敬したり、それらに関連するお守りを持ったりすることをルターは批判する。軍人は、戦いが近づいたならば、ひたすら神の恵みにすべてをゆだね、正しいキリスト者として身を持すべきだというのである。

このように、ルターは決して絶対平和主義者でもなければ、非暴力主義者でもなかった。彼のキリスト教信仰は「聖書のみ」をその根本におくもので、自ら聖書をドイツ語に翻訳してもいる。イエスの平和主義的な言葉について、ルターは誰よりも熟知していた。しかし、それでも「戦争」を全否定することはなく、むしろ時には「大きな不幸を防ぐための小さな不幸」として、人間社会の秩序を維持するために神の命じたもうわざであると考えられるかぎりでは、肯定していたのである。

プロテスタントと戦争

ルターと並ぶスイスの宗教改革者として、フルドリヒ・ツヴィングリの名が挙げられる。

ツヴィングリも、聖書を信仰の究極的な拠《よ》り所とする考えをもっていた。しかし、そんな彼も、決して、右の頬《ほお》を打たれたら左の頬をも向けるような絶対平和主義者ではなく、それどころか、自ら兜《かぶと》をかぶって剣を手にして、戦場に赴いたのであった。

残された文書からも、ツヴィングリの軍事拡張主義は明白に読み取れる。一五三一年、プロテスタント諸州とカトリック諸州との軍事衝突が避けられないことは誰の目にも明らかになったとき、ツヴィングリも終始、軍事力行使によるカトリック諸州制圧を主張し続けた。また、実際の武力行使をしないで済むように武力の誇示も勧めたのである。

カトリック軍がカッペルにやってきたとき、邀撃《ようげき》にかき集められた数百の市民兵のなかに、鎧兜に身を固めたツヴィングリの姿もあった。腰には戦斧《せんぷ》をはさみ、慣習に従って軍旗も手にしていたと言われている。戦死の状況についてもさまざまな伝承が残されているが、遺体には国法による反逆罪と教会法による異端のかどにより、凌 辱《りょうじょく》が加えられたとも伝えられている。彼は四七歳であった。

戦死の現場とされている場所には、今も石碑が立てられており、ツヴィングリがよく口にしていた聖句「体は殺しても、魂を殺すことのできない者どもを恐れるな。むしろ、魂も体も地獄で滅ぼすことのできる方《かた》を恐れなさい」（マタイによる福音書10：28）が刻まれている。

チューリッヒの教会にあるツヴィングリの銅像の手には、聖書だけでなく、大きな剣も握られている。彼は自らを、文字通りの「キリストの兵士」であり、「祖国の守護者」だと考えていたのである。

ジャン・カルヴァンもまた、『キリスト教綱要』第四篇第二〇章において、明確に「正当な戦争」があることを認めている。聖書には戦争を認めるような記述などないではないか、という予想される反論に対して、カルヴァンは次のように述べている。「戦争をする根拠は、むかしあったとおり、今日も残っているし、また、一方、官憲がその臣民の擁護を行うことを妨げる理由は、何ら存しない」。

カルヴァン派の人々も、戦いを拒否しなかった。社会が大変動していた当時、戦争・虐殺・暗殺は極めて現実的な問題だったのである。純粋な非暴力・平和主義を貫こうなどとすれば、かえって猜疑《さいぎ》の目で見られるほどであった。カトリックの指揮官は、プロテスタント住民を殺して川に投げ込み、その際、川下の橋守《はしもり》に宛てて死体に「通行税支払い済み」という書付を添えた。一方、プロテスタントは、カトリック司祭たちの耳を切り、つないで首にかけ、また切り落とした首でボウリングのような遊びをしたなどと、数々のグロテスクな話も伝えられている。

一六世紀の後半、フランスにおけるプロテスタント（ユグノー）とカトリックとの間で約四〇年にもわたって続いた壮絶な「ユグノー戦争」や「サン・バルテルミの虐殺」などはよく知られている。その後も、神聖ローマ帝国を舞台とした「三〇年戦争」があった。三〇年戦争における主要人物の一人に、スウェーデン王のグスタフ・アドルフがいる。グスタフ・アドルフは、キリスト教史の本では、堅実なルター派のプロテスタントであったことが強調され、彼の兵たちは進軍した地域でも規律を守り、占領地域のカトリック教徒に対して改宗を強要するようなこともなかったなどと記されている。しかし、軍事史の本においては、彼は、歩兵・騎兵・砲兵の連携（三兵戦術）を発展させ、厳しい軍規の体系の基礎をつくった、近代的な軍事指導者のさきがけとして紹介されているのである。

もう一点だけ述べておかねばならないのは、宗教改革をへてカトリックからプロテスタントが分かれて以降、武力闘争は必ずしもカトリックとプロテスタントの間だけでなされてきたわけではないということである。

イギリスでヘンリー八世の離婚問題を一つのきっかけとして、ローマ・カトリック教会から独立した英国教会が誕生したのが一五三四年である。それから約一〇〇年後、イギリス国内で、国王と一体化した英国教会を中心とする「王党派」と、議会で多数派を占める長老派や会衆派と呼ばれる人々を中心とする「議会派」が対立し、軍事衝突を起こしたが、それはプロテスタント対プロテスタントの戦争であった。ピューリタン革命と呼ばれるこの出来事で中心的役割を担ったのは、熱烈な信仰の持ち主、オリヴァー・クロムウェルである。

クロムウェルは飲酒や賭《か》け事を禁じるなど、国民にかなり禁欲的な生活を求めた。だがその一方で、「鉄騎隊」と呼ばれる近代の国民軍に近い性格の新しい軍隊を組織するなど、軍事もたくみに指導した。彼は、軍隊においては特に信仰が大切だと考え、兵士たちには神の正義のために選ばれたとの自覚をもつように呼びかけた。そして、大きな戦いの前には、必ず祈禱《きとう》会を開いたのであった。酒にもギャンブルにも手を出さないクロムウェルにおいても、信仰と戦争は矛盾しないどころか、信仰は軍事になくてはならないものとされたのである。

宗教改革の時代から二一世紀現在にいたるプロテスタントの主流派は、実は、内外に公にした文書においても、自分たちは純粋な絶対平和主義者でも非暴力主義者でもないことを、はっきり示唆しているのである。

具体的には、「アウグスブルク信仰告白」や「ウェストミンスター信仰告白」など、プロテスタントの信仰内容を要約した重要文書である。それらには、この世には確かに「正しい戦争」や「合法的な戦争」があり、やむをえない戦いに従事するのは正当なことだと書かれているのである。

「ニーバーの祈り」と平和主義への批判

現代のプロテスタント神学者のなかには、もちろん純粋な平和主義者・非暴力主義者もいるが、条件付きで戦争や武力行使を認める人たちも多い。二〇世紀のプロテスタント思想史に名前が残っているメジャーな人物のうち、純粋な平和主義とは言えない立場をとった神学者として、まずはアメリカの神学者・牧師でもあるラインホルド・ニーバー（一八九二—一九七一）が挙げられる。

神よ、変えることのできるものについて、
それを変えるだけの勇気をわれらに与えたまえ。
変えることのできないものについては、
それを受け入れるだけの冷静さを与えたまえ。
そして、変えることのできるものと、変えることのできないものとを、
識別する知恵を与えたまえ。

これは「ニーバーの祈り」として、キリスト教徒の間では大変よく知られているものである。一九四三年にニーバーが教会で用い、日本では神学者の大木英夫《おおきひでお》の翻訳により一九六七年頃から一般にも知られるようになった。この素朴な「祈り」に感銘を受ける人は少なくないと思われるが、このニーバーは戦争問題に関しては、決して素朴な平和主義者ではなかっ

たのである。

ニーバーは神学者であると同時に、政治や社会問題にも関心をもっており、もともとはいわゆる平和主義の立場をとっていた。しかし、複雑な社会問題や国際状況、特にナチス・ドイツの台頭などを見て立場をあらため、単純な平和主義を批判する側に身をおくようになる。それは現実の社会状況の分析に加え、彼の人間観と神学のなかから紡ぎだされたものだったようである。

ニーバーによれば、人間は善を求めつつも、原罪を背負った罪深い存在であることから逃れることはできない。私たちは、一人ひとりとしては道徳的に正しい人間であろうとしても、集団を形成し、例えば国家として行動する際には、十分な自覚なしに悪に加担してしまうことがある。彼はそうした人間の限界や現実を念頭におき、責任をもって政治的秩序を形成しようとするならば、暴力を無制限に否定することは不可能であり、場合によっては無責任でさえありうると考えたのである。

もちろんニーバーは、決して戦争それ自体を肯定していたわけではない。できる限り、非暴力的手段によって紛争を解決すべきだとした。しかし、いわゆる平和主義者たちがただひたすら単純に暴力という手段を放棄するのは、そのこと自体は善意によるものではあっても、結果としては安易な道に逃げ込んでいるだけであって、それは時には不正を耕す道にもなり、不正に加担することにもなりうると考えたのである。

こうしたニーバーの姿勢に対しては批判もあるが、現代プロテスタンティズムを代表する一人の見解として、無視することはできない。彼のこうした立場は、キリスト教的な「罪」理解に基づいた現実的な考察として、「キリスト教現実主義」と呼ばれ、二一世紀現在にいたるまで、アメリカ政治にも大きな影響を与えているのである。彼の平和主義批判を念頭におくならば、「ニーバーの祈り」における「神よ、変えることのできるものについて、それを変えるだけの勇気をわれらに与えたまえ」という一節は、決してセンチメンタルなものではなく、意外と厳しい内実を秘めたものであるようにも思われる。

二〇世紀のプロテスタント神学に、ニーバー以上に大きな影響を与えたカール・バルトも、実は純然たる絶対平和主義者ではなかった。思想的にはニーバーと異なる背景からではあるが、バルトも「正当な戦争」の容認者であり、「集団的自衛」を認めるような文章も残しているのである。

ヒトラー暗殺計画に関わった牧師

さて、二〇世紀のプロテスタント思想家としてもう一人記憶に残る人物を挙げるとすれば、ドイツの神学者で、やはり牧師でもあったディートリッヒ・ボンヘッファー（一九〇六―四五）である。彼は思想家として重要なメッセージを残したが、同時に、苦悩を抱えつつヒトラー暗殺計画に関わったことでも知られている。

ボンヘッファーは大学教授の息子として生まれ、軍事史家ハンス・デルブリュックの家とも交流のある知的環境のなかで育てられた。ボンヘッファーは大学で神学を専攻し、二一歳で博士号を取得、二四歳で教授資格論文もパスするなど、研究者として順調な人生を歩み始めた。しかし、一九三三年にヒトラーが政権をとると、状況は大きく変わっていった。

ボンヘッファーはすぐにラジオ講演でヒトラーを批判し、反ナチ運動の中核となった「告白教会」のメンバーにもなる。彼はあくまでも、真摯に平和を求め、非暴力と愛敵の行動こそが信仰者としてとるべき唯一の方法だと考えていた。しかし、ナチスからの圧力はどんどん強まり、仲間は次々と捕らえられ、ボンヘッファーの牧師研修所も閉鎖を命じられ、説教や講演、出版も禁止されるようになってしまった。

そうしたなかで、アメリカの友人たちがボンヘッファーをニューヨークに招き、亡命のための環境を整えてくれた。渡米はボンヘッファーにとって、ナチズムに対する抵抗であっただけでなく、武器を手にする兵役を拒否せねばならない、という彼の信仰的確信とも合致するものだった。ところが、彼はわずか一ヶ月程度でドイツに戻ることを決心する。彼はその理由を、ラインホルド・ニーバーに宛てた手紙に書いている。それによれば、ボンヘッファーは、この困難な時期にこそドイツのキリスト者たちと共にいなければならないと考えたようである。そうでないと、戦後のドイツにおけるキリスト教的生活の再建にあずかる権利ももてなくなってしまう、というのである。

帰国したボンヘッファーは、義兄の口添えによって国防軍情報部で嘱託《しょくたく》の対外連絡員として勤務することに成功し、そのなかでヒトラーに対する反乱計画に加わるようになった。クーデター計画が具体化していくなかで、メンバーの間ではヒトラー暗殺の話もあがるようになっていった。ボンヘッファーは、はじめはそれに反対していたが、やがてそれを認めるようになる。彼は、ヒトラー暗殺を実行する責任分担も必要であれば引き受けるつもりだともらしていたようであるが、そうした際には、あらかじめ教会から離脱するつもりだとも語っていたという。

ただし、実際のところボンヘッファーの仕事は、暗殺に直接手を貸すことよりも、国外とのパイプを駆使して連合国側に働きかけることだったようである。いま極秘裏にクーデター計画が進んでおり、近いうちにヒトラーを排除して戦闘を停止し、新たな指導者をたてて問題の処理にあたらせるから、連合国側もそれを踏まえた建設的な対応をしてほしい、という根回しに尽力したのである。

だが、ボンヘッファーは一九四三年に小さな別件で逮捕されてしまう。軽い刑罰か無罪放免かと思われたが、その後に抵抗運動そのものが失敗して諜報部《ちょうほう》の文書が発見され、彼も反乱計画に関与していたことが明るみに出てしまった。彼は軍刑務所、ゲシュタポ地下牢《ろう》などをへて、最後はチェコ国境に近いフロッセンビュルクの強制収容所に送られ、絞首刑に処せられた。享年《きょうねん》三九歳。ヒトラーが死ぬ三週間前のことであった。

ボンヘッファーは、決して武力闘争を肯定していたわけではない。武器を持ってする戦いに勝利はない、と講演でも述べており、ガンディーから非暴力抵抗の可能性について学びたいとも考えていた。だが戦時の極限状況において、最終的にはヒトラー暗殺計画と関わらざるをえなくなった。そうした彼の苦悩は、真摯に見つめなくてはならないであろう。

暴力的手段で問題を解決するのは、もちろん善いことではない。しかし、食うか食われるかの壮絶な状況下で純粋な平和主義を貫けなかったとしても、それはキリスト教徒として非難されるべきことなのか、安易に決めつけることはできない。ボンヘッファーの例は、暴力と平和に関するアポリアを、あらためて私たちに突きつけるのである。

信仰と現実の間で

以上、前章と本章とで、簡単にローマ・カトリック教会、およびプロテスタントにおける戦争や暴力に対する現実の姿勢を見てきた。東方正教会についてはまだ触れていなかったので、最後に一点だけ、小さなエピソードを紹介しよう。

AK47という自動小銃がある。これは旧ソ連製で、単純な構造のため壊れにくく、取り扱いも簡単で、安価であるため、コピー商品も含めれば、これまで約一億挺《ちょう》が作られたと言われている。人類史に残る、超ベストセラー兵器である。これは世界の多くの軍隊や警察のみならず、テロリスト、そして子供兵の手にも渡っている。原爆よりも多くの人間を殺した兵器だと言われることもある。

これを開発したのは、ソ連の元戦車兵、ミハイル・カラシニコフ（一九一九―二〇一三）という人物である。彼は九四年の人生をまっとうしたが、生前は「私は祖国を守るためにこの銃を作ったのであり、たとえこの銃が不適切な場所で使われたとしても、それは政治家の責任である」と公言していた。

だが、そんなカラシニコフも、心の底では不安や後ろめたさを感じていたようで、晩年に、ロシア正教の長であるキリル総主教に、「心の痛みは耐えがたい」と告白していたことを、二〇一四年にロシアの有力紙『イズベスチヤ』が報道した。カラシニコフは、自らが開発した自動小銃で、子供を含めた大勢が殺されたことについて、自分は彼らの死に責任があるのだろうか、と問うたという。

正教会は『イズベスチヤ』紙に対し、「祖国防衛を目的とした武器の開発や使用は支持される」との立場を説明し、キリル総主教も「カラシニコフ氏は愛国主義の模範だ」という主旨の返信を出したことを明らかにしたのであった。これが正教会全体の戦争に対する姿勢を代表していると考えることはできないが、なかなか興味深い例の一つではあるだろう。

さて、カトリックやプロテスタントを問わず、キリスト教徒はこれまでさまざまな形で戦争や暴力に加担してきた。戦争と平和に関する議論においては、しばしば、「キリスト教徒は言っていることと実際にやっていることが違うではないか」という批判がある。だが、その批判は必ずしも正当ではない。というのも、見てきたように、カトリックもプロテスタントも、そもそも場合によっては暴力や武力行使をはっきり是認することがあるのだから、キリスト教徒たちの言行は、おおよそのところではむしろ一致しているのだと開き直ってもよい。

聖書に「右の頬を打たれたら左の頬をも向けよ」と書かれているから、キリスト教徒はみな、せめて建前上は絶対平和主義者であり非暴力主義者だろうと考えるのは、「宗教」に対しても「戦争」に対しても、認識が甘いのである。もちろんなかには、いかなる暴力をも拒否して平和主義を貫徹する人たちもいた。今でもいる。しかし、そうした彼らは、キリスト教全体のなかでは、あくまで少数派であり、珍しい連中に過ぎないというのが現実である。

キリスト教会も所詮は人間の集まりなので、世界には、口では綺麗事を言いながら、実際には攻撃的で暴力的な態度をとる人もいる。あるいは、たまたま平穏で恵まれた生活環境に生きているからこそ、感傷にひたりながら優雅に平和主義を主張できるという人もいるだろう。また、正当防衛として条件付きで武力行使を認めると最初から明言している人たちもいれば、正当防衛のみならず、先制攻撃を支持する人たちもいる。さらには、大勢の命が脅かされている壮絶な状況下で、暴力を「悪」とわかっていながらも、あえてその罪を犯すしかないと苦悩した人もいる。

同じ信仰のもとに生き、同じように愛と平和を祈っているように見えても、現実的な振る舞いとして選び取られる選択はさまざまである。それぞれが、自分のやり方こそ正しいと思い込み、あるいは、正しくはないがその状況ではそう振る舞うしかないと考える。互いに批判したり批判されたりしながら、困難な現実のなかでどうにかやっていこうとするのが、キリスト教徒たちの現実であり、人間の現実なのである。

第三章

聖書における「戦争」と「平和」

キリスト教と聖書

しばしば、イエスはキリスト教という宗教の「教祖」であるとされる。それも間違いというわけではないが、イエスは、自分はあくまでユダヤ教徒に他ならないと認識しており、新しい宗教を立ち上げるつもりなどはなかったと考えられている。

イエスの活動はせいぜい二年程度の短いものであったが、彼の教えや問いかけは、当時の権力者や支配者層にはラディカルで挑発的なユダヤ教批判と映った。イエスは一方では民衆に受け入れられつつも、社会を混乱させるものとして反発や憎しみも買い、やがて危険人物と見なされ、最終的には、政治犯のようなものとして処刑されてしまったのである。

イエスが処刑された時、弟子たちはみな自分たちも迫害されることを恐れ、イエスを見捨てて逃げてしまった。だがそのすぐ後に、彼らのあいだで同時多発的に、イエスは十字架の死から復活した、という信仰が生まれた。イエスはやはりキリスト（救世主）だったのだと確信され、弟子やパウロたちによる命がけの宣教が始まり、その教えは世界中に広まり、やがてそれが「キリスト教」と呼ばれるようになった。

はじめは迫害される側であった少数派のキリスト教徒たちであるが、じわじわと信者を増やし、四世紀にはローマ帝国の国教、すなわち体制側の宗教になった。国教、多数派の宗教になったということは、すなわち政治と関わらざるをえなくなることを意味する。国家とは、そもそも軍隊や警察など、暴力を独占するところがその肝でもあるので、政治と関わるということは、すなわち軍事とも関わらざるをえなくなることを意味する。ここに、「キリスト教信仰」と「戦争・軍事」との矛盾、あるいは整合性について、困難な議論が意識され始めるわけである。

キリスト教は教典宗教であり、その信仰理解においては何よりも聖書が重要とされている。そこで本章では、そもそも聖書では「戦争」についてどう書かれているのかを見ていくことにしたい。

キリスト教において、聖書は大きく旧約聖書と新約聖書の二つから成っている。書いた著者も、書かれた場所も、時代も、目的も、それぞれ異なる計六六の文書を一冊にまとめて製本したものを、「聖書」と呼んでいるのである。ただし、昔からさまざまな文書が書かれ、それらの編纂《へんさん》や正典の確定にも時間がかかっている。またヘブライ語、ギリシア語、ラテン語などから各国語へ翻訳するうえでも複雑なプロセスをへてきた。印刷術や製本技術が発展するにも、長い年月を要している。したがって、一般のキリスト教徒たちが片手で持てる一冊の本として母国語の「聖書」を所有し、誰もが気軽にその頁をめくることができるようになったのは、最近になってからのことである。

新約聖書はイエスの死後、かなりの時間がたってから、コイネーと呼ばれる俗語ギリシア語で書かれ、編纂された。イエスが新約聖書を書いたわけではない。そもそもイエスはギリシア語ではなくアラム語を話していたので、イエスの教えはイエス自身の話した言葉ではない言語で今に伝わっているわけである。

新約聖書は、著者や書かれた時期がそれぞれ異なる二七の文書をまとめたものである。他にもさまざまな文書があったが、現在の二七巻にほぼ確定したのは四世紀中頃である。新約聖書に含まれる文書のうち、最も古いものは五〇年頃、最も新しいものは二世紀中頃に書かれたと考えられている。

旧約聖書はユダヤ教の教典であり、古代イスラエル民族の歴史や預言者の伝える神の啓示などが、その主な内容である。キリスト教が旧約聖書もその正典の一部として引き継いだ理由は、イエスやその弟子たちはそもそもユダヤ教社会のなかで生きていたのであり、初期のキリスト教徒たちは旧約聖書のなかにイエス・キリスト到来の預言を見出したからである。新約聖書（特に「福音書」）に記されているのは、旧約聖書で預言されたことの成就だというわけである。

現に新約聖書には、旧約聖書からの引用や、旧約聖書の内容を念頭においた記述も多く見られるので、旧約聖書を参照しなければ理解できない部分も少なくない。旧約聖書は三九のさまざまな文書から成っており、その大部分はヘブライ語で書かれている。

では、こうした聖書において、「戦争」「軍事」「暴力」そして「平和」はどのように書かれているのだろうか。聖書学研究には膨大な蓄積があり、ここでそのすべてを検討することはできないので、以下は、ごく大まかな点の確認であることをお断りしておく。まずは旧約聖書の方から見ていくことにしよう。

禁止されている殺人

旧約聖書の冒頭にある文書「創世記」によれば、神は最初の人間アダムを土からつくり、アダムの肋骨《ろっこつ》からエバをつくった。やがて二人は禁断の果実を口にして、エデンの園を追放される。その後、二人のあいだには、カインとアベルという兄弟が生まれた。

このカインとアベルに関する聖書の物語は、実にシンプルである。すなわち、この二人はそれぞれ神に献《ささ》げ物をし、その後、一方が他方を殺したのである。人間から生まれた最初の人間に関するエピソードは「殺人」なのである。

旧約聖書の登場人物には、戦闘行為をしたり、殺人を犯したりする者が少なくない。

例えば、アブラハムは親族が敵の捕虜になったと聞いて、奴隷のなかから訓練を受けた精鋭三一八人を選び、敵を追跡して襲い、親族とその財産を奪い返している（創世記14：14）。モーセは成人してすぐの頃、同胞のヘブライ人がエジプト人に虐《いじ》められているのを見て、そのエジプト人を殴り殺して死体を砂に埋めて逃げている（出エジプト記2：12）。

少年ダビデは、小石と石投げ紐《ひも》でペリシテ人の兵士を撃ち殺し、さらにその相手の剣を取って首を切り落とした（サムエル記上17：50）。後に王となったダビデは、その後も戦果を重ねて敵を何万人も討ち殺している。さらには、部下の美人妻を横取りするために、その部下をわざと戦死させるという謀略も行った（サムエル記下11：1）。

怪力の持ち主サムソンは、敵に捕らえられて目をくりぬかれ、足枷《あしかせ》をはめられて牢屋で粉ひきをさせられていたが、最後には、建物を支えている二本の柱をその怪力で押し倒して倒壊させ、自らの死と道連れに敵とその民たちを殺し、復讐をとげたのであった（士師記《ししき》16：29）。このように、殺す、殺される、といった話は枚挙にいとまがない。

旧約聖書では、「戦い」という言葉は三〇〇回以上も用いられている。それぞれの戦闘や殺人は、もちろん同列に語れるものではないし、戦闘や殺人の話があるからといって、必ずしもそれを正当化したり推奨したりしているわけではない。ただ素朴に「物語」として読めば、それぞれには面白さもある。

だが、旧約聖書における「戦争」には、単純な歴史記述ではなく、明らかに好戦的で、憐れみの気持ちのかけらもないようなものも多いのである。利益獲得のために争う「戦争」というよりは、狂気に満ちた「虐殺」のようなものも少なくない。敵の兵士のみならず、その町に住む女、子供、家畜まで、あらゆる命を奪い、町を焼き払い、文字通りの殲滅《せんめつ》を命じ、相手に対して憐れみの気持ちをもつことさえ禁じている箇所も見られる。

旧約聖書を読んで感じる「平和」の倫理に関する疑問は、非常に素朴なものである。すなわち、殺人は聖書のなかで明確に禁止されているが、それにもかかわらず、どうして多くの戦争の記述があり、また信者たち自身も戦争を繰り返しているのか、というものである。

よく知られているように、旧約聖書には「十戒」が記されている。それはモーセがシナイ山で神から授かったとされる一〇の戒めであり、「神の名をみだりに唱えてはならない」「盗んではならない」「姦淫《かんいん》してはならない」などと並んで、「殺してはならない」という戒めがある。「殺してはならない」と書かれているにもかかわらず、旧約聖書には数えきれないほど戦争や殺戮の話が書かれているのである。

マキアヴェッリは『君主論』のなかで、もしモーセが非武装であったならば、人々に長いあいだ律法を守らせることはできなかったであろう、とも述べている。「民数記《みんすうき》」の冒頭で、神はモーセに人口調査をせよと命じているが、その際には「兵役に就くことのできる二〇歳以上の者」を基準にカウントがなされているのである。

モーセは実際に戦争を指導しており、その際、人々は、神がモーセに命じた通り、敵の男子を皆殺しにし、女と子供を捕虜にし、家畜や財産を奪い取り、その町を焼き払った、と書かれている。さらにモーセは、戦いを終えて帰還した軍の指揮官に対して次のようにも言っているのである。

直ちに、〔敵の〕子供たちのうち、男の子は皆、殺せ。男と寝て男を知っている女も皆、殺せ。女のうち、まだ男と寝ず、男を知らない娘は、あなたたちのために生かしておくがよい。（民数記31：17）

ここでは、殺すか殺さないかという倫理など一切問題になっていない。分捕り品をどのように分配するかの方が、はるかに重要な問題として扱われているのである。

「十戒」で「殺してはならない」というときの「殺す」の意味については、これまで多く議論されてきた。殺人の禁止が述べられているそのすぐ後には、死刑の条件についても述べられているので、処刑という形で人を殺すことは許されていることになる。また、これと近い箇所に、わざわざ「罪なき人、正しい人を殺してはならない」（出エジプト記23：7）と書かれているところからすれば、悪人ならば殺してもよいと解釈できるような余地も残される。

さまざまな解釈があるが、基本的にこの戒めは、「不法に殺してはならない」という意味であるとされるか、あるいは、ここでの「殺し」とはヘブライ人が他のヘブライ人を殺すことであり、例えば動物を殺す場合などには該当しないので、いずれにしても、戦争や死刑の実施と必ずしも矛盾するものではないと解釈されてきた。

旧約聖書における戦争と虐殺

旧約聖書では、戦いが神の御旨《みむね》によるものとされ、戦う前に神に供え物がささげられたり、勝利の際には神に深く感謝がなされたりもする。神によって戦いが命じられているような箇所もあれば、神に戦いの次の手をどうするべきか尋ねている箇所もある。

本来、旧約聖書における戦争の話は、聖書学的な分析に加え、古代イスラエルの歴史、ユダヤ教の神観念など、さまざまな背景を十分に念頭において解釈されねばならない。現在では注解書も充実しており、比較的手軽に理解困難な箇所の意味を調べることもできる。

しかし、聖書という書物がやっかいなのは、著者も、書かれた時代も、背景も、目的も、それぞれ異なる実にさまざまな文書の寄せ集めによって一冊になっているものであるため、自分の主張したいことを正当化できる一文を抜き出してきて、聖書の権威によって自説を補強することが簡単にできてしまう点である。聖書は、戦争を否定するときにも使えるが、戦争を正当化するときにも利用できる。

旧約聖書のなかには、単なる戦争の肯定ではなく、民間人の虐殺・殲滅も勧めている箇所も少なくない。例えば次のようなものである。

ヘト人、ギルガシ人、アモリ人、カナン人、ペリジ人、ヒビ人、エブス人をあなたの前から追い払い、あなたの意のままにあしらわさせ、あなたが彼らを撃つときは、彼らを必ず滅ぼし尽くさねばならない。彼らと協定を結んではならず、彼らを憐れんではならない。

（申命記《しんめいき》7：1）

行け。アマレクを討ち、アマレクに属するものは一切、滅ぼし尽くせ。男も女も、子供も乳飲み子も、牛も羊も、らくだもろばも打ち殺せ。容赦してはならない。

（サムエル記上15：3）

主が課せられた務めを

おろそかにする者は呪《のろ》われよ。
主の剣をとどめて
流血を避ける者は呪われよ。
（エレミヤ書48：10）

また「申命記」20：1は、新共同訳聖書では「戦争について」という小見出しがついているように、戦争の仕方についての詳しい記述となっている。少々長くなるが、具体的には次のような情け容赦のない一節が含まれている。

ある町を攻撃しようとして、そこに近づくならば、まず、降伏を勧告しなさい。もしその町がそれを受諾し、城門を開くならば、その全住民を強制労働に服させ、あなたに仕えさせねばならない。しかし、もし降伏せず、抗戦するならば、町を包囲しなさい。あなたの神、主《しゅ》はその町をあなたの手に渡されるから、あなたは男子をことごとく剣にかけて撃たねばならない。ただし、女、子供、家畜、および町にあるものはすべてあなたの分捕り品として奪い取ることができる。あなたは、あなたの神、主が与えられた敵の分捕り品を自由に用いることができる。このようになしうるのは、遠く離れた町々に対してであって、次に挙げる国々に属する町々に対してではない。あなたの神、主が嗣業《しぎょう》として与えられる諸国の民に属する町々で息のある者は、一人も生かしておいてはならない。

（申命記20：10）

このように、敵に対する攻撃にいかなる憐れみも寛容もなく、相手方を文字通り殲滅することが命じられている箇所は珍しくない。旧約聖書の多くの箇所において、歴史の支配者である神ヤハウェに対する信仰ゆえに、「戦い」は神の意志に基づく聖戦であるとも見られている。細かく見ていけば、神によって戦いを命じられるところや、神に勝利を願い求めるところや、自分たちに代わって神に復讐の代行を求めるところなど多様である。

「神をかつぎ出さない方が、戦争は人道的」

旧約聖書には「ヨシュア記」という文書がある。奴隷状態におかれていたヘブライ人たちをエジプトから救い出し、神から十戒を授かったイスラエルの指導者がモーセである。ヨシュアは、そのモーセの後継者とされた人物である。「ヨシュア記」には、イスラエルの民がそのヨシュアに率いられてカナンの地に侵入し、そこに定着するまでの事情が描かれている。

この文書は、歴史的事実を正確に記そうとしたというよりも、民族の歴史に現れた神の支配と導きを明らかにして、神の意志や意図を見つめることを目的としていると考えられている。だがそれにしても、そこに記されている戦いの様子は、現代の私たちの目にはあまりに残酷なものに見えるであろう。

「鬨《とき》の声をあげよ。主はあなたたちにこの町を与えられた。町とその中にあるものは、ことごとく滅ぼし尽くして主にささげよ。ただし、遊女ラハブおよび彼女と一緒に家の中にいる者は皆、生かしておきなさい。我々が遣わした使いをかくまってくれたからである。あなたたちはただ滅ぼし尽くすべきものを欲しがらないように気をつけ、滅ぼし尽くすべきものの一部でもかすめ取ってイスラエルの宿営全体を滅ぼすような不幸を招かないようにせよ。金、銀、銅器、鉄器はすべて主にささげる聖なるものであるから、主の宝物倉に納めよ。」

角笛が鳴り渡ると、民は鬨の声をあげた。民が角笛の音を聞いて、一斉に鬨の声をあげると、城壁が崩れ落ち、民はそれぞれ、その場から町に突入し、この町を占領した。彼らは、男も女も、若者も老人も、また牛、羊、ろばに至るまで町にあるものはことごとく剣にかけて滅ぼし尽くした。　（ヨシュア記6：16）

五人の王がヨシュアの前に引き出されると、ヨシュアはイスラエルのすべての人々を呼び寄せ、彼と共に戦った兵士の指揮官たちに、「ここに来て彼らの首を踏みつけよ」と命じた。彼らは来て、王たちの首を踏みつけた。ヨシュアは言った。「恐れてはならない。おののいてはならない。強く、雄々しくあれ。あなたたちが戦う敵に対して主はこのようになさる。」ヨシュアはその後、彼らを打ち殺し、五本の木にかけ、夕方までさらしておいた。

（ヨシュア記10：24）

ヨシュアは更に、全イスラエルを率いてエグロンから、ヘブロンへ上り、これと戦って、占領し、剣をもって王と町全体を撃ち、全住民を一人も残さず、エグロンと全く同じようにした。彼はその町とその全住民を滅ぼし尽くした。

（ヨシュア記10：36）

カナンの地とは今のパレスチナの古代名であり、「創世記」で神がアブラハムとその子孫にその土地を与えると約束したのである。それは「約束の地」「乳と蜜《みつ》の流れる地」とも呼ばれた。しかし当然ながら、イスラエル人がそこに進入する前から、そこには多くの人々が暮らしていた。イスラエル人たちは、神から永遠の所有地としてそれを与えられたという信仰に基づいて、つまりは侵略したのである。また、「列王記《れつおうき》上」18：40によれば、預言者エリヤは、カナンの豊穣《ほうじょう》神バアルの預言者四五〇人を殺している。そこには、現代でいう他宗教との共存、宗教的寛容などという発想は微塵《みじん》もない。

このように、旧約聖書における戦争に関する記述は枚挙にいとまがない。これらを見るかぎり、キリスト教史家のR・ベイントンが『戦争・平和・キリスト者』（新教出版社）で言うように、「神をかつぎ出さない場合の方が、戦争は人道的」であるように思われる。

旧約聖書における「平和」

旧約聖書には多くの戦闘・虐殺の記述があるが、その一方で、明らかに平和主義的な文章があることも忘れてはいけない。そこでは、さまざまな表現によって、武力によらない平和について述べられている。

彼らは剣を打ち直して鋤《すき》とし
槍《やり》を打ち直して鎌とする。
国は国に向かって剣を上げず
もはや戦うことを学ばない。
（イザヤ書2：4、ミカ書4：3）

これは旧約聖書における平和主義的な一節として最もよく知られたものである。キリスト教文化圏で平和を祈る場面では、しばしばこの箇所が引用される。

次の一節は、新約聖書に見られるイエスの平和主義とも通じており、暴力のみならず復讐や恨みさえも禁じているものである。これは新約聖書におけるパウロの書簡（ローマの信徒への手紙12：19、ヘブライ人への手紙10：30）にも反映しているのである。

復讐してはならない。民の人々に恨みを抱いてはならない。自分自身を愛するように隣人を愛しなさい。（レビ記19：18）

次の「箴言《しんげん》」のなかでは、敵が倒れたとしてもそのことを愉快に思ったりしてはならず、また神に逆らう悪者に怒りを抱くべきではないことが述べられている。

敵が倒れても喜んではならない。
彼がつまずいても心を躍らせるな。
主がそういうあなたを見て不快とされるなら
彼への怒りを翻されるであろう。
悪事を働く者に怒りを覚えたり

主に逆らう者のことに心を燃やすことはない。（箴言24：17）

あなたを憎む者が飢えているならパンを与えよ。
渇いているなら水を飲ませよ。
こうしてあなたは炭火を彼の頭に積む。
そして主があなたに報いられる。（箴言25：21）

悪を征伐することよりも、むしろ善を行い、平和を求めることこそが重視されている箇所も少なくない。

悪を避け、善を行い
平和を尋ね求め、追い求めよ。（詩編34：15）

「エゼキエル書」には次のような一節もある。

わたしは悪人が死ぬのを喜ばない。むしろ、悪人がその道から立ち帰って生きることを

喜ぶ。立ち帰れ、立ち帰れ、お前たちの悪しき道から。　　（エゼキエル書33：11）

こうした一節を読むならば、たとえ相手が「敵」や「悪」であっても、それを殺害することには否定的であるとも解釈できるであろう。

一神教の神の役割

また旧約聖書には、自ら武器を持って戦闘行為をするわけではないが、神に敵の征伐を願うような文章も少なくないのである。それらが、自らの手による武力行使は慎むべきだと考えてのことなのか、それとも単に、自分には相手に対抗する実力がないがゆえに、神にその代行を願っているだけなのかは断定できない。例えば、次のように「詩編」に多く見られる。

主よ、立ち上がってください。
わたしの神よ、お救いください。
すべての敵の顎《あご》を打ち
神に逆らう者の歯を砕いてください。　　（詩篇3：8）

彼らは無実なわたしを滅ぼそうと網を張り
わたしの魂を滅ぼそうと落とし穴を掘りました。
どうか、思わぬ時に破滅が臨み
彼らが自ら張った網に掛かり
破滅に落ちますように。
（詩篇35：7）

わたしの命を奪おうとねらっている者が
　恥を受け、嘲《あざけ》られ
わたしを災いに遭わせようと望む者が
　　侮られて退き
わたしに向かってはやし立てる者が
　恥を受けて破滅しますように。
（詩篇40：15）

自分自身は武力行使をしないが、神による痛烈な裁きを願うという姿勢が純粋に「平和主義」といえるのかどうかについては議論の余地もあるかもしれない。聖書で「平和」が祈り求められる際、その具体的な内容や条件は何なのかも慎重に検討されねばならないだろう。

旧約聖書の「平和」にあたるヘブライ語「シャローム」は、単に戦争がないという状態だけではなく、長寿、繁栄、調和をも意味し、手紙あるいは人と会った時の挨拶《あいさつ》など、日常的にも用いられる。共同体の無傷性、完全性、調和のとれた均衡状態というイメージだといってもよい。それは外敵から守られているというだけでなく、人々や社会のなかで、正義と公平さ、友好と調和が保たれていることをも含む広い概念なのである。

そうした広い意味をもつ「シャローム」は、必ずしも「戦争」や「暴力」を排除するものではない。戦いに勝利することも「平和」に含まれるからである。同じ神が、一方では戦いを命じ、他方では平和を説いているのは奇妙に見えるかもしれないが、多神教と違って一神教の神は、他の神と役割分担ができず、一人で何でもしなくてはならない。同じ神が時には平和を与え、時には戦争を引き起こすのも、その神を信じる人にとっては当然といえば当然なのである。

新約聖書における非暴力主義

では次に、新約聖書の方に目を向けてみよう。

多くのキリスト教徒たちは、イエスの教えは平和の教えであり、キリスト教は戦争に反対している、と主張する。しかし、実は新約聖書のなかで、イエスは「戦争」そのものについて、具体的には一言も触れていない。武力行使の是非に関する直接的な言及はないので、私たちはイエスの「戦争観」を直接知ることはできないのである。

ただし、明らかに非暴力主義を示唆する言葉はいくつも見出すことができる。そこでキリスト教徒は、そうしたものから戦争に対してとるべき姿勢を推測し、それを「キリスト教の教え」だと認識しているわけなのである。いくつかあるが、例えば次のイエスの言葉は一般にもよく知られているものであろう。

敵を愛し、あなたがたを憎む者に親切にしなさい。悪口を言う者に祝福を祈り、あなたがたを侮辱する者のために祈りなさい。あなたの頰を打つ者には、もう一方の頰をも向けなさい。

（ルカによる福音書6：27）

剣をさやに納めなさい。剣を取る者は皆、剣で滅びる。

（マタイによる福音書26：52）

こうした言葉を見るかぎり、少なくともイエスは非暴力主義者であり、平和主義者であり、したがって戦争を肯定するはずがない、と解釈することは自然である。

ある箇所では、弟子がイエスのところへやってきて「兄弟がわたしに対して罪を犯したなら、何回赦すべきでしょうか。七回まででですか」と問う場面がある。イエスはそれに対して、「七回どころか七の七十倍までも赦しなさい」と答える（マタイによる福音書18：21）。これは四九〇回までということではなく、相手を何度でも赦してやれ、という意味である。また別の箇所でイエスは、「兄弟に腹を立てる者はだれでも裁きを受ける」と言い、悪口を言うことさえたしなめている（マタイによる福音書5：22）。イエスは、人を赦し、和解することの大切さを述べているので、そうであれば当然ながら、暴力や戦争行為が認められるはずがないと考えられるわけである。

宣教旅行をしてキリスト教を広めたパウロも、イエスと同様に、人に対して怒りの感情を抱くことさえ否定する言葉を多く残している。

あなたがたを迫害する者のために祝福を祈りなさい。祝福を祈るのであって、呪ってはなりません。（ローマの信徒への手紙12：14）

愛する人たち、自分で復讐せず、神の怒りに任せなさい。『復讐はわたしのすること、わたしが報復する』と主は言われる」と書いてあります。（ローマの信徒への手紙12：19）

新約聖書ではこのように、ほぼ一貫して暴力に対しては否定的であり、旧約聖書に見られたような、戦いへの積極的な姿勢はないといってよい。「ヤコブの手紙」1：20では、「人の怒りは神の義を実現しない」とも述べられており、怒ることそのものに対して注意が与えられている。「コロサイの信徒への手紙」3：13では、「互いに忍び合い、責めるべきことがあっても、赦し合いなさい。主があなたがたを赦してくださったように、あなたがたも同じようにしなさい」とあるなど、暴力を振るうこと以前に、怒ったり争ったりすることそのものを否定する箇所が多く見られるのである。

いわゆる「山上の説教」のなかに出てくる次のイエスの言葉もよく知られている。

平和を実現する人々は、幸いである、
　その人たちは神の子と呼ばれる。
（マタイによる福音書5：9）

イエスが神の子としてこの世に生まれたということにより、イエスの教えは、神の国の平和とこの世の平和とを一体にさせるものとして理解されるようになった。神は「平和の源である神」（ローマの信徒への手紙15：33）とされ、キリストは「わたしたちの平和」（エフェソの信徒への手紙2：14）とされているのである。

しかし、それにもかかわらず、新約聖書には不思議なことに、軍事的比喩《ひゆ》が多く用いられているのである。具体的には、神は「万軍の主」、霊は「剣」、信仰は「盾」と表現される。そして信仰をもつことを、「光の武具」を身につけよ、と書かれているところもあれば、信者を「キリストの兵士」と表現しているところもある。信仰と愛は「胸当て」、救いへの希望は「兜」とも表現されている。

「義の武器」「神の武具」という言葉も使われ、また「神の言葉」は「どんな両刃《もろは》の剣よりも鋭い」（ヘブライ人への手紙4：12）とか、「信仰の戦いを立派に戦い抜き、永遠の命を手に入れなさい」（テモテへの手紙一6：12）と述べられている箇所もある。

愛と平和を祈り、非暴力を訴えるところの「信仰」は、逆説的にも「戦い」「戦闘」のイメージでもって語られているのである。

百人隊長の篤い信仰

後の章で詳しく見ていくが、キリスト教の歴史においては、しばしばキリスト教徒が軍務に就くことが許されるのかどうか、という議論が繰り返されてきた。古代キリスト教においても、また中世ヨーロッパにおいても、現在の日本においても、それはさまざまに議論され続けている。だが、新約聖書のなかにも軍人は多く登場しており、そのうちの何人かは、肯定的に描かれているのである。

例えば「福音書」には、あるとき一人の百人隊長がイエスのもとに来て、自分の部下が病気で苦しんでいるので癒して欲しいと願い出るという話がある。イエスはその時の百人隊長の受け答えに感心し、彼を指して「イスラエルの中でさえ、わたしはこれほどの信仰を見たことがない」と称賛するのである（マタイによる福音書８：10、ルカによる福音書７：９）。

後に逮捕され、死刑判決を受けたイエスは、重い十字架をゴルゴダの丘まで運ばされて磔《はりつけ》にされる。その時、太陽は光を失い、全地が暗くなって神殿の垂れ幕が裂けたと聖書には書かれている。そして、イエスは「父よ、わたしの霊を御手《みて》にゆだねます」、あるいは「わが神、わが神、なぜわたしをお見捨てになったのですか」と言って息を引き取ったとされている。

その様子を見ていた百人隊長はイエスについて、「本当に、この人は正しい人だった」、あるいは「本当に、この人は神の子だった」と言い、神を賛美したと書かれているのである（ルカによる福音書23：47、マルコによる福音書15：39）。イエスの死後、軍人の方が弟子たちよりも先に、イエスのことを「正しい人だった」「神の子だった」と口にしているのである。

こうした「福音書」に出てくる兵士や百人隊長たちはみな匿名であるが、「使徒言行録」

に出てくる百人隊長には名前のわかる者もいる。まず一人目はコルネリウスである。

さて、カイサリアにコルネリウスという人がいた。「イタリア隊」と呼ばれる部隊の百人隊長で、信仰心あつく、一家そろって神を畏《おそ》れ、民に多くの施しをし、絶えず神に祈っていた。

（使徒言行録10：1）

このイタリア隊というのは、碑文によれば西暦六九年以前にシリアに駐屯していた部隊で、正確には「ローマ市民のイタリア第二部隊」である。イタリアで徴兵された可能性もあるが、実際にはギリシア語圏の解放奴隷を中心に構成された補助部隊ではないかと考えられている。その隊長であるコルネリウスは、異邦人であり割礼は受けていないものの、模範的な人物として描かれている。

コルネリウスはイエスの一番弟子であったペトロを招き、彼の話を聴くことになる。はじめは異邦人（非ユダヤ人）と接することに躊躇したペトロであったが、「神が清めた物を、清くないなどと、あなたは言ってはならない」という言葉に従い、神が人を分け隔てたりしないことを悟る。そしてペトロはコルネリウスの家で説教をし、コルネリウスは異邦人キリスト教徒の初穂《はつほ》となったのである。

問題は軍人であるか否かではなく

この物語によって、ユダヤ人の信者は異邦人の受け入れに反対するべきではなく、また教会が異邦人を受け入れるのは神の奇跡的介入によることが示されたとされる。これは、キリスト教の救いに人種的な差別はなく、どんな国の人でも神に受け入れられるということに関連する大変重要な場面なのだが、そこで鍵となった人物は、軍人だったのである。

ちなみに、二〇世紀前半の日本で軍人伝道を行った利岡中和《としおかちゅうわ》は、自らの会の名称を「コルネリオ会」とした。さらにその後、自衛官キリスト教徒のサークルもつくられ、これもそれを継承する形で「コルネリオ会」と名付けられた。それらの名称はもちろん、この軍人にして敬虔な信仰の持ち主であった「使徒言行録」のコルネリウスからとられたのである（文語訳聖書では、コルネリウスは「コルネリオ」と表記されている）。

さて、もう一人名前のわかっている軍人は、ユリウスである（使徒言行録27：1）。ユリウスも百人隊長で、彼の部隊は、日本語訳の聖書では近衛《このえ》隊、もしくは皇帝直属部隊とも訳されているが、ギリシア語原文を固有名詞と解釈して「セバステー隊」と訳す研究者もいる。

細かな点はともかく、まずこのユリウスは、囚人として引き渡されたパウロたちとともに船に乗る。ユリウスはパウロを親切に扱った、と「使徒言行録」には記されている。だが彼らを乗せたその船は暴風に遭い、二週間以上も漂流したあげく、とうとう難破した。船は浅瀬に乗り上げ、船尾は激しい波で壊れだしたが、もしそこで囚人たちが逃げると兵士たちの責任になってしまう。そこで兵士らはパウロたちを殺してしまおうとするのだが、百人隊長ユリウスはパウロを助けたいと思い、兵たちにその計画を思いとどまらせた。こうしてパウロたち全員は、生きて無事にマルタ島に上陸することができた。

その後パウロは、数ヶ所を経由してローマにたどり着き、そこで宣教をするのである。この軍人ユリウスについての詳細は不明だが、キリスト教においてはイエスの次に重要とも言えるパウロの命を救ったという点では、重要な役回りを担ったことになるだろう。

ざっとこのように、新約聖書には幾人かの軍人が登場する。ただし、それぞれの箇所では、彼らの職業が軍人であることに力点があるわけではない。例えば、イエスに「イスラエルの中でさえ、わたしはこれほどの信仰を見たことがない」と称賛された百人隊長は、ローマ軍団の将校、あるいはヘロデ・アンティパス軍の外国人傭兵隊長の可能性もあるとされているが、いずれにしても物語のポイントは、彼らが「異邦人」だというところにある。コルネリウスについても同様だ。

これらの点について、厳密にはイエスやパウロの時代の軍事制度とあわせて理解することも求められるだろう。当時は、現代のような軍隊と警察の役割分担も不明確だったとも考えられる。だがさしあたりここでは、イエスの非暴力の教えや、後のクリスチャンたちによる反戦論、良心的兵役拒否にもかかわらず、新約聖書においては、軍人が軍人というだけで平和の敵のように見なされることはなかった、ということだけを確認しておくことにしたい。彼らは軍人であるという理由だけで肯定的に評価されることはないのだが、また逆に、軍人であるというだけでネガティブに評価されることもないのである。

イエスが言う「剣」の意味

聖書という書物は、実にさまざまな読まれ方をされる。注解書の分量はすでに聖書そのものよりもはるかに大きなものになっており、研究の蓄積は膨大である。多くの信者や聖職者は、能力的にも物理的にも、それらのすべてに目を通すことは困難である。そこで、誤解や意図的な歪曲も含めて、自分の主張を補強し権威づけるために、聖書の言葉が利用されてしまうことも珍しくない。

戦争や武力行使を肯定しようとする際に利用されがちな箇所が新約聖書にもいくつかあるので、ざっと見てみよう。まず一つ目は、イエスの次の言葉である。

わたしが来たのは地上に平和をもたらすためだ、と思ってはならない。平和ではなく、剣をもたらすために来たのだ。

（マタイによる福音書10：34）

新約聖書のなかには、イエスの言行を記した「福音書」が四つ収録されている。それぞれに同じような発言や同じ出来事が並行して書かれているのだが、それぞれにおいて微妙に言葉やニュアンスが違うこともある。右の引用部分は、別の「福音書」では次のように書かれている。

わたしが来たのは、地上に火を投ずるためである。その火が既に燃えていたらと、どんなに願っていることか。しかし、わたしには受けねばならない洗礼がある。それが終わるまで、わたしはどんなに苦しむことだろう。あなたがたは、わたしが地上に平和をもたらすために来たと思うのか。そうではない。言っておくが、むしろ分裂だ。

（ルカによる福音書12：49）

これらの文章を前後の脈絡なしに切り取ってくれれば、イエスの教えは平和主義どころか、むしろ極めて好戦的であるようにさえ見えるだろう。さすがに現在では、イエスのこうした言葉を直接の根拠にして戦争を肯定する信者はほとんどいないと思われるが、非キリスト教徒にはなかなか理解しがたい一節ではないだろうか。

簡単に解説すると、これらは具体的な武力行使や戦争の可能性についての話ではなく、イエスの伝えようとしている「福音」が現実には対立と痛みを引き起こすものだということを述べているのである。イエスに従う道は、常識的な意味での「平和」ではなく、苦しい過程があり犠牲も払わねばならない。イエスに従うことは、家族との対立や決別をも覚悟せねばならないという話であり、要するに信仰の厳しさについて言っているのだ、というのが一般的な解釈である。

研究者によっては、語句の翻訳についての意見の相違などから、もう少し異なった解釈がなされることもある。だがいずれにしても、これは物理的な武力や暴力とはまったく何の関係もない話であることに変わりはない。

もう一つは、「ルカによる福音書」だけに記されており、他の福音書にはないイエスの次のような一言である。

剣のない者は、服を売ってそれを買いなさい。　（ルカによる福音書22：36）

これは有名な「最後の晩餐《ばんさん》」でイエスが口にした言葉で、弟子たちはそれに対して「主よ、剣なら、このとおりここに二振りあります」と答える。するとイエスは「それでよい」と言うのである。こうした文章だけを抜き取れば、まるでイエスは武装することを奨励し、弟子たちも剣を常備していたように読める。しかし、これもまた、前後の文脈からは、どう考えても物理的な戦闘を行う動機は見られない。そこで通常これは、今後は弟子たちが困難な状況下で自己と信仰を守らねばならなくなることをイエスが比喩的に語っているのだと解釈されている。

すると、この直後のやりとりについての解釈も変わってくる。弟子が「主よ、剣ならここに二振りあります」と言い、イエスは「それでよい」と答えるわけだが、イエスはこれをあくまで比喩で言ったので、この「それでよい」という返答は、剣の数に満足したという意味ではなく、弟子たちが話の真意を理解していないので、イエスが「もうこの種の話は十分だ、この話はここまで」という意味で言ったのだ、と説明されることもある。

あるいは、この会話のすぐ後でイエスはユダに裏切られ、捕らえられてしまうのだが、その時、一人がイエスを守るために大祭司の手下に斬りかかり、その片耳を切り落とす。この福音書を書いたルカは、それをした人物の行為は不当ではないと弁護するために、事前にイエスが剣の所持を指示していたのだと予防線を張ったのではないか、という解釈をする研究者もいる。

だが、イエスはその人物が剣で大祭司の手下に斬りかかった時も、すぐに「やめなさい、もうそれでよい」と言い、別の福音書の同箇所では「剣をさやに納めなさい。剣を取る者は皆、剣で滅びる」と言っている。したがって、いずれにしても、この「剣のない者は、服を売ってそれを買いなさい」という一文だけで、武装を奨励し好戦性を示唆すると考えるには無理があるとされる。

神殿から商売人を追い出したのは

もう一つは、イエスが神殿から商人たちを追い出すシーンである。これは四つの福音書すべてに書かれている出来事である。

ユダヤ人の過越祭《すぎこしさい》が近づいたので、イエスはエルサレムへ上って行かれた。そして、神殿の境内で牛や羊や鳩を売っている者たちと、座って両替をしている者たちを御覧になった。イエスは縄で鞭を作り、羊や牛をすべて境内から追い出し、両替人の金をまき散らし、その台を倒し、鳩を売る者たちに言われた。「このような物はここから運び出せ。わたしの父の家を商売の家としてはならない。」

（ヨハネによる福音書2：13）

この場面は、神殿から清くないものを一掃するという意味で、一般に「宮潔《みやきよ》め」のシーンと呼ばれるものである。

神殿で行われている動物の売買は、参拝者が献げ物をするためのものであり、両替も献金のために必要なものであった。つまり双方とも宗教的な目的によってなされていたので、そうした行いをもってして即座に「悪」とは決めつけられない。しかし、それらが祭司たちの利権と何らかの形で結びつき、堕落や腐敗とも決して遠くはなかったとも考えられる。イエスの意図は、世俗化・形骸化した宗教を是正して、真の意味での祈りの場所を取り戻すことだったともされている。

新約聖書学者の田川建三《たがわけんぞう》は、商売人たちがいなければ参拝者が献納物を献げるという行為がそもそも不可能となるので、ユダヤ教的立場から神殿の聖性を尊重しようとするなら、むしろ神殿から商人を追い出すことは考えられないという。田川によれば、この話の中身は神殿の経営そのものに対する批判・攻撃であり、イエスの態度は彼自身が意識しようとすまいと「当時のパレスチナの神殿を頂点とする宗教的社会支配そのものに対する否定」であったという。

確かにこれは、「福音書」のなかで唯一、イエスが暴力的ともいえる振る舞いをしている箇所なので、このようなイエスの姿勢をもってして、聖なるものを守るためには、時には実力行使も正当化される、と解釈されてしまうこともある。だが一般には、これでもって戦争や暴力の肯定だとされることはなく、このエピソードの中心は、あくまでも神殿のあり方、あるいは宗教的社会の構造そのものに対する抗議であると解されている。

もう一点、前章でルターに言及した際にも触れた次の箇所も、軍隊の武力行使を正当化する際にしばしば引用される。

人は皆、上に立つ権威に従うべきです。神に由来しない権威はなく、今ある権威はすべて神によって立てられたものだからです。（ローマの信徒への手紙13：1）

権威者は、あなたに善を行わせるために、神に仕える者なのです。しかし、もし悪を行えば、恐れなければなりません。権威者はいたずらに剣を帯びているのではなく、神に仕える者として、悪を行う者に怒りをもって報いるのです。（ローマの信徒への手紙13：4）

また、かつては「ヘブライ人への手紙」12：6の「主は愛する者を鍛え、子として受け入れる者を皆、鞭打たれる」という記述を根拠に、教師や親による体罰が正当化されることもあったようである。

最後に、アメリカで今も販売されている『兵士のための聖書』を挙げよう。それは、末尾に付録として「アメリカ軍人の行動規範」「ジョージ・ワシントンによる合衆国のための祈り」「兵士の祈り」「兵士の妻の祈り」「特殊部隊の祈り」などが掲載されている以外は、普通の聖書とほぼ同じである。だが、陸軍省のエンブレムが印刷された表紙を開くと、まず自身の軍歴などをメモする欄があり、その下には「テモテへの手紙二」2：3の言葉、「キリスト・イエスの立派な兵士として、わたしと共に苦しみを忍びなさい」という言葉が引用されているのである。この言葉自体が戦争や武力行使を肯定しているというわけではないが、兵士にふさわしい聖句として、この一節が選ばれたのだと思われる。

「善いサマリア人」と正当防衛

さて、暴力は基本的には悪いものだが、正当なやむをえない理由があれば暴力は許されるのではないか、という問いは、キリスト教に限らず、人々の間でしばしば問題にされてきた。この困難な問題が新約聖書との関連で問われる際には、しばしば「善いサマリア人」の譬《たと》え話も引き合いに出される。

「善いサマリア人」の譬え話というのは、イエスが律法の専門家から「隣人を自分のように愛しなさい」という教えにおける「隣人」とはいったい誰のことなのか、と問われた際に、イエスがそれに対する返答として語った次のような話である。

ある人がエルサレムからエリコへ向かって歩いていたところ、強盗に襲われた。強盗はその人の服を剝《は》ぎ取り、殴りつけ、半殺しにして立ち去った。その後、たまたま祭司がそこを通りかかったが、彼は倒れている人を見て見ぬふりをして通り過ぎていった。次に、祭司の下位にあたり神殿での奉仕や民の教育にもあたっていたレビ人がそこを通りかかった。しかし、彼もまた、見て見ぬふりをして通り過ぎていってしまった。最後に、サマリア人がそこを通りかかった。サマリア人というのは、ユダヤ人たちからは正統信仰から外れた連中だと見なされ蔑《さげす》まれていた人たちである。だがサマリア人は倒れている人を見ると、憐れに思い、傷の手当をしてやり、自分のロバに乗せ、宿屋に連れて行って介抱し、宿屋の主人に代金も支払ってやった。強盗に襲われた人の「隣人」となったのは、身分が高く尊敬されている宗教家たちではなく、軽蔑《けいべつ》され日陰に生きていたサマリア人だった、という話である（ルカによる福音書10：25）。

これは、「ルカによる福音書」にだけ記されている話だが、大変有名なものであり、アメリカなどでは「グッドサマリタン・ホスピタル」と病院の名前にもなっているほどである。この譬え話自体は、単に「困っている人を見たら親切にしてあげましょう」という道徳を説いているのではなく、律法の専門家がイエスに対し、何をしたら永遠の命を受け継ぐことができるでしょうか、と問うことから始まるという文脈がある。この譬え話に続く、「マルタとマリア」のエピソードともあわせて考えねばならないものであり、とにかくこれは、暴力の是非とは関係のない話である。本来の読み方については他書を参照していただくことにして、ここでは、この話がどのように暴力の是非と関連させられるのかについてのみ、述べておきたい。

この譬え話でサマリア人は、強盗に襲われた憐れな人を助けてあげたから「隣人」であるとされ、愛の実践をしたと見なされている。だが、サマリア人が通りかかったのは、あくまでも、人が強盗に襲われた後であった。そこで読者の頭には、もし人が強盗に襲われているまさにその最中にその場を通りかかったならば、サマリア人はどのように振る舞っただろうか、どのように対応するのが「隣人」として、あるいは「愛」を実践する者として正しいのだろうか、という疑問が生じるのである。

強盗を「話し合い」で撃退できるはずがない。かといって、サマリア人が代わりに自分の持ち物や現金を差し出せば、それは一方の人を救うことにはなりえても、強盗という悪を容認することになってしまう。悪の放置も悪ではないか。そこで多くの聖書読者は、大きな悪から自分や他人を守るためには、やむをえない範囲内での暴力という小さな悪は許されるのではないか、弱い人を守るための武力行使はむしろ義務でさえあるのではないか、などと考えるのである。

繰り返すが、この「善いサマリア人」の譬え話は、本来は暴力の是非や正当防衛とは何の関係もない話である。だがこれは、キリスト教文化圏においては誰もが知っている譬え話なので、暴力の正当性について議論する際の例として用いやすいのである。

誰かを守るために、あるいは善や正義のために暴力を行使することは、許されるのではないか、むしろ義務でさえあるのではないか……、いや、イエスは「頰を打つ者には、もう一方の頰をも向けなさい」と言ったのだから、どんな場合にも暴力だけはいけないのだ、などさまざまな意見がある。だが、新約聖書には、どこにもその「答え」は書かれていない。

新約聖書には、具体的な「戦争」について直接は言及されていないことはすでに述べたが、「正当防衛」の是非についても、何も書かれていないのである。そこで、しばしばクリスチャンたちは、暴力を肯定するにせよ否定するにせよ、各々の個人的な見解を、聖書のなかから恣意《しい》的に選んだ記述によって間接的に権威づけ、それでもって「キリスト教ではこう考えています」と主張することになるのである。

また、聖書の言葉を用いて戦争や戦いを肯定するのは、必ずしも誤読や曲解によるわけでもない。例えば、イエスの言葉に次のようなものがある。

わたしがあなたがたを愛したように、互いに愛し合いなさい。これがわたしの掟である。友のために自分の命を捨てること、これ以上に大きな愛はない。

（ヨハネによる福音書15：12）

これはイエスが文字通り「愛」について述べた箇所である。これを解釈するのに特別な専門知識はいらないし、何か別の意味に曲解する余地もないように思われる。しかし、これもまた、読み方によっては戦闘行為を肯定するメッセージになりうる。日本のあるクリスチャンの元特攻隊員は、戦時中、この「友のために自分の命を捨てること、これ以上に大きな愛はない」という言葉によって、自分の死を前提とした特攻作戦に納得しようとしていたと告白している。

日常的に仲間が死んでいく過酷な環境に生きていたこの特攻隊員は、望まぬ戦闘を、しかも特攻という壮絶な戦法を命じられ、その極限状況下において、自らの運命を、イエスの言葉をとおして、「愛」ないしは「自己犠牲」の一環としてどうにか肯定的に受け容れようと苦悶《くもん》したのである。こうした態度を、聖書の誤読、歪曲、あるいは聖書を利用した戦争の肯定だと非難するのは、少々厳しすぎるであろう。

聖書にはっきりと「いかなる理由によっても戦争をしてはいけない」とか「暴力はどんな状況でも禁じる」などと書いてくれていれば、話はもっと簡単であった。ところが、聖書では、「敵を愛せ」などと、良くも悪くも常識とは異なる表現がなされているものだから、では、やむをえないかぎりの実力行使でもって悪人を善の道に導くならば、それは敵に対する「愛」の行為に相当するのではないか、とか、無条件の非暴力主義は時には悪を放置・黙認する無責任な姿勢であり、愛に反する態度でもありうるのではないか、などと、議論が錯綜《さくそう》するのである。

聖書というのは、それぞれの人生や社会状況と重ね合わせて読まれる書物である。人や社会は、同じ教典を読んでいても、さまざまな人生経験を念頭に、またさまざまな平和を思い描きながら感じ、考え、行動する。キリスト教徒といえども、誰もが必ず「愛」と「暴力」は矛盾すると考えるわけではないのである。

第四章

初期キリスト教は平和主義だったのか

本来のキリスト教とは何か

キリスト教徒がしばしば積極的に戦争や暴力に関わってきたのは、見てきた通りである。そうした事実の指摘に対して、「確かにこれまで多くの過ちはありましたが、本来のキリスト教は平和主義なのです」といった、苦しい返答がなされることがある。だが、そこで言われる「本来のキリスト教」とは何なのだろうか。

戦争に関わったキリスト教徒は、すべて真の信仰のない偽者であり、戦争をしなかったキリスト教徒だけが真のキリスト教徒なので、したがってキリスト教は平和主義なのだと言いたいのだろうか。だが、そんな理屈には誰も納得できないであろう。

それとも、かつてのキリスト教徒たちはちゃんと平和主義を実践していたが、時代をへるにつれて堕落し、戦争や軍務を肯定するようになってしまっただけなので、昔の原点に立ち戻ることが大事だということなのだろうか。

現代のキリスト教徒たちのなかには、初期のキリスト教徒たちは今の自分たちよりも敬虔で、本来のイエスの教えに限りなく近い生き方をしており、信仰的に優れていたというイメージをもつ人もいる。時間的にイエスや弟子たちに近ければ、彼らの息づかいも残っていたのではないかなどと想像し、また現に、壮絶な迫害や殉教の記録なども多くあるからかもしれない。

もちろん過去には、立派な平和主義者もいた。だが、いかに伝統が尊重される分野であっても、古いものはみな常に正しく立派だという保証などない。現実には、イエスの時代に近い最も初期のキリスト教徒たちも、みなが文字通り、右の頬を打たれたら左の頬も向けてきたわけではないのである。

教会史・教父学の研究者である木寺廉太《きでられんた》は『古代キリスト教と平和主義――教父たちの戦争・軍隊・平和観』（立教大学出版会）で、最初の三世紀間におけるキリスト教徒たちの戦争や軍務に対する態度を詳細に分析した。木寺は、イエスの説いた非暴力と無抵抗の教えが、古代キリスト教においていかに守られたかを検討するのがその研究の目的だったという。ところが、彼はその本の「あとがき」で、「研究を進めるうちに明らかになり、筆者が少なからず当惑したことは、キリスト教史の最初の三世紀間においても、厳格な平和主義の立場が明確に貫かれていたのではないことであった」と述べている。

以下では、古代のキリスト教徒たちにおける戦争・兵役に対する姿勢について見ていくことにしたい。

軍隊で重要なのは「精神」

信仰というのは、単なる個人の「心の問題」ではなく、社会のあり様とも密接な関係にある。宗教は社会に影響を与え、社会からも影響を受け、時には社会そのものでもある。キリスト教に関して言えば、その宗教としての運命は、まずはローマ帝国との関係に大きく左右されたのであった。現代にいたるローマ・カトリック教会と東方正教会の違いも、もとをたどればローマ帝国における東西の分離という政治的背景が大きく影響しているのであって、まったく純粋に神学的な対立だけによって二つに分かれたわけではない。

後のローマ・カトリック教会の司教区制度も、ローマ帝国の属州制度を教会組織に応用したものだと言われている。ローマ帝国は皇帝を頂点とし、多くの民族を包括するもので、各地は多数の属州に分けられ、それぞれは皇帝の任命する総督によって治められていた。カトリック教会における「教皇」「司教」「司教区」は、それぞれローマ帝国でいう「皇帝」「総督」「属州」とパラレルであり、またカトリック教会の「枢機卿」はローマ帝国の「元老院議員」にあたると説明されることもある。

ローマ帝国時代の戦争や軍隊の様相は、当然ながら現代のそれとは大きく異なる。しかし、昔も今も共通していることとして、軍隊では広い意味での「精神」が大変重視されている点が挙げられる。クラウゼヴィッツは『戦争論』で、「戦争は偶然を本領とする。およそ人間の行動にして、戦争におけるほど偶然というこの他所者《よそもの》に活動の自由を許すものはない」としたうえで、だからこそ「精神は常に武装していなければならない」と述べている。『戦争論』は未完の書物なので曖昧《あいまい》な議論も多いが、クラウゼヴィッツがそのなかで「精神」について実に多くの紙面を割いていることは、注目に値する。

古代から二一世紀現在にいたる多くの戦争論者は、いずれも、戦争は広い意味での精神と深く関連していると認識してきた。戦争という営みは、軍事技術・戦術・戦略だけの問題ではない。戦争は、一人ひとりの命のみならず、社会の存亡のかかった深刻な営みである。兵士は恐怖と不安と苦痛のなかで、その期間を過ごさなければならない。指揮官たちは、「規律」や「士気」が保たれなければ、せっかくの技術や技能も十分に発揮されないことを、経験的に学んできた。軍事において、精神ないしは情念といったレベルの事柄は、最も重要だといっても過言ではないのである。

兵士の内面を強化し支えるために、訓練や戦闘の場で広い意味での宗教的支援が行われることは、古代から現在までほぼ共通している。古今東西、軍事における宗教のプレゼンスは決して小さなものではない。世俗の軍隊に伝統的宗教の要素が取り入れられることもあるが、軍全体、あるいは所属する部隊への忠誠心、伝統、規律に対する敬意なども、広い意味での宗教的な信念に基づくものだと言ってもよい。

古代のキリスト教を考えるうえでも、ローマ軍の宗教性を念頭においておくことは不可欠である。キリスト教史家のフスト・ゴンサレスは、古代から現代までを扱った浩瀚《こうかん》な『キリスト教史』(新教出版社)のなかで、ディオクレティアヌス帝治世下の、比較的平和で繁栄した時代において、最初に問題が生じたのはおそらく軍隊においてであったと述べている。それは具体的には、ローマ軍の宗教性との葛藤だったと言ってもよい。

ローマ軍の宗教とキリスト教徒

ローマ軍において、守護神ユーピテル(ジュピター)の象徴である鷲《わし》(aquila)が描かれた軍旗は崇拝の対象であり、軍隊の団結心はその旗のもとにあった。軍旗は極めて丁重に扱われ、それを失うことは大変な恥辱であり不名誉とされた。かつて兵士たちは、将軍に対して宣誓を行っていたが、将軍が自らの野心のために軍を動かすことが懸念されるなどしたため、後に宣誓は皇帝に対してのみなされるようになる。その宣誓とは、実質的には宗教的な「崇拝」ないしは「崇敬」と言ってもよいものであった。

軍隊には宗教的祝祭の暦もあり、そこには祝祭日とそこでささげるべき生贄《いけにえ》などが細かく記されていた。その暦は、兵士たちに古き神々と皇帝が生の源であることを教えるためのものでもあったという。『古代ローマの庶民たち――歴史からこぼれ落ちた人々の生活』（白水社）を書いたロバート・クナップによれば、その暦に列挙されているのは、「特定の神々を崇《あが》め、皇帝に嘆願し、皇帝家の一員の誕生日を犠牲によって祝い、感謝の心をもって過去の勝利の数々を記念し、そして軍団の神聖なる軍旗を祝福するといった、種々の宗教的行為」であるという。

ローマ帝国は、拡大しつつある領土のいたるところから兵士を集めたので、こうした祝祭暦は、彼らを統一しまとめあげるためにも効果的だったのである。軍隊で何よりも重要なのは、規律と士気であるが、ローマ軍そのものの宗教的性格は、兵士たちに規律を守らせ、彼らの士気を高めるための仕組みでもあったのである。兵士たちは宗教の入信儀礼のようなものをへて軍に入隊し、入れ墨をすることによって、それをしていない他者と自分とを区別し、皇帝に神聖な誓いをたてた。そうして新兵は人生の焦点を位置づけ直し、その後も常に宗教的な行事を繰り返すことによって、軍や皇帝への忠誠、および仲間たちとの一体感を維持・強化していったのである。

ヘルジランド、デイリー、バーンズによる『古代のキリスト教徒と軍隊』（教文館）では、「陣営というのはローマの宗教的世界であり、ローマそれ自身の小宇宙であった」と述べられている。「本陣」はローマにおける「神殿」を象徴的に真似《まね》たものであり、そこは神々の家であると同時に、軍旗や皇帝の肖像を置く聖なる場所だったという。「平和を欲するならば戦争に備えよ」(Si vis pacem, para bellum)という言葉で知られるウェゲティウスは、ローマの兵士たちは実によく訓練されていると述べたが、それを可能にした規律とは、単なる規則やルールというよりは、むしろ宗教的性格が濃厚な軍隊生活そのものだったのである。

軍は陣営内で兵士たちの個人的な祭式を禁じていたので、キリスト教徒の兵士が軍隊内で信仰を実践することは困難であった。また、ローマ軍の宗教は広く包括的なものだったので、キリスト教徒の兵士は軍にいる以上、それと関係しないでいることはほぼ不可能だったのである。

しばしば、古代のキリスト教徒が兵役を拒否したのは、殺人に対する嫌悪以前に、ローマ軍にある偶像崇拝的要素を警戒したからだと言われる。だが、軍に偶像崇拝の要素が含まれていたというよりは、軍隊生活そのものが一つの宗教のようなものだったとイメージした方が、より実情に近いのではないかと考えられる。

コンスタンティヌス帝の軍旗

イエスが死んで三〇〇年もたたぬうちに、軍隊の旗にキリスト教の象徴が描かれるようになった。コンスタンティヌス帝が、「キリスト」を意味するギリシア語の「ΧΡΙΣΤΟΣ」（クリストス）の最初の二文字、Χ（キー）とΡ（ロー）を重ね合わせたマーク（モノグラム）を軍旗に描かせ、それを用いたことで見事に勝利を得たと伝えられている。

そのΧとΡを重ね合わせたマークはキリスト教の象徴の一つとして、現代のキリスト教界でも広く用いられている。教会の内装や、聖職者の祭服にそれが描かれていることもある。キリスト教用品店に行けば、そのマークのついた聖書カバーやキーホルダーなどのグッズも多く売られている。

ラクタンティウスによれば、コンスタンティヌスは三一二年の「ミルウィウス橋の戦い」の前夜、夢の中で、自軍の兵士の盾と旗にそのマークを付けるよう神から啓示を受けたとされている。またエウセビオスによれば、その戦いを控えたある日の昼に、空に十字架の幻が現れて「これにて勝て」との言葉が告げられたとされている。

どちらが「事実」であるかはわからないが、いずれにしても、四世紀初頭からキリスト教の象徴が軍旗や盾に描かれるようになったのは確かであろう。そして、今でも使われているΧとΡを重ねあわせたマークも、軍人たちが戦場で殺し合いをする際に用いたのをきっかけに普及した可能性が高い。

この「ミルウィウス橋の戦い」での勝利によって、コンスタンティヌスは帝国西半分の単独支配者となった。コンスタンティヌスの勝利は、キリスト教信仰に基づく奇跡的力の介入によると説明されることが多かったが、それは世界史の教科書にも書かれているように、翌三一三年、彼によって「ミラノ勅令」が公布され、キリスト教徒に対する迫害が終わり、キリスト教が「公認」されたからである。

ただし、コンスタンティヌスがキリスト教を公認したとはいえ、彼自身がいわゆる敬虔なクリスチャンであったとは言い切れないようである。コンスタンティヌスは、迫害されていたにもかかわらず各地に広がっていたキリスト教を、帝国再統一のために利用したとも考えられる。彼のキリスト教保護政策には政治的打算があったことが窺えるが、しかし一方では、ある種の信仰もまったくなかったわけではないようなのである。彼のキリスト教に対する態度には、曖昧な部分が多くある。三二〇年に鋳造された硬貨には、XとPのマークとともに、古代の神々の表象も刻印されていた。コンスタンティヌスが洗礼を受けたのは、臨終の床においてだったのである。

ローマ帝国の西方を支配していたのがコンスタンティヌス、東方を支配していたのはリキニウスだが、やがて両者の間でも衝突は避けられなくなった。幾度かの戦いをへて、コンスタンティヌスはリキニウスを屈服させ、ローマ全土の単独支配者になった。リキニウスが敗北した一因は、彼がコンスタンティヌスの軍旗には驚異的な力があると信じて恐れ、それを見ないようにするために正面からの攻撃を避けるよう命じたからだとも伝えられている。こうした話がどこまで事実であるかはわからないが、このような伝えられ方をしていることそれ自体に、キリスト教と軍隊との関わりの一端を見出すこともできるだろう。

やがて三九二年になると、テオドシウス帝はローマ帝国でこれまで宗教が果たしてきた機能をキリスト教に限定する。つまり、キリスト教を事実上の「国教」とするにいたったのである。かつて、イエスは十字架で殺され、後に弟子たちやパウロが宣教を始めたが厳しい迫害にあい、多くはイエスと同じように殺されていった。そんな迫害のなかでも信者を増やしていったキリスト教は、やがて多数派・体制内の宗教になっていき、ついに立場は逆転して、権力を手に入れたのである。

宗教は常に社会との葛藤を抱えるものだが、キリスト教徒が少数派だった時、彼らにとってまず問題になったのは軍務であった。かつては、キリスト教徒が兵役に就くことの是非については、彼らの間でもさまざまに議論され、殉教の例も多くあった。ディオクレティアヌス帝（在位二八四―三〇五年）の時には、キリスト教徒を軍隊から一掃しようという動きもあり、最後の大迫害においてまず血祭りにあげられたのは、軍隊にいたキリスト教徒たちだったのである。

ところが、四世紀末にキリスト教が体制側の宗教になると、手のひらを返すように、兵役はキリスト教徒にとって当然の義務だと見なされるようになっていく。そしてテオドシウス二世の時代、四一六年になると、軍隊に入ることができるのはキリスト教徒のみと定められ、異教徒はむしろ軍隊から排除されるようにまでなったのである。

では、キリスト教が公認・国教化される以前のローマ帝国軍におけるキリスト教徒の兵士の実態は、おおよそどんなものだったのだろうか。少しだけ時代を遡《さかのぼ》ってみたい。

キリスト教徒と兵役

ベイントンによれば、新約聖書時代の末からしばらくの間は、軍隊にキリスト教徒がいたという明白な証拠はない。したがって、信徒が兵役に就くことについても、その頃はまだ大きな議論にはなっていなかったと思われる。

だが一七三年になって初めて、キリスト教徒が軍隊にいたことを示す証拠が見られる。皇帝マルクス・アウレリウスがドナウ河中流域でゲルマン人らと戦っていた時、敵に包囲されて兵士たちは喉の渇きに苦しんでいた。だが軍団のなかにいたキリスト教徒の兵士の祈りによって暴風雨になり、軍団は飲み水を得て立ち直り、敵は稲妻によって敗走したという逸話が残っているのである。この「雷軍団」はいくつかの文献や記念碑などに記録されており、エウセビオスやテルトゥリアヌスなど後のキリスト教徒の著述家たちはみな、そうした軍事的勝利について、後ろめたさではなく、むしろ誇りをもって記している。

　また、キリスト教批判者であるケルソスは『真正な教え』のなかで、「もし万人がキリスト教徒のようなことをしたならば、すなわち軍務を拒否したならば、皇帝は孤立無援となり、世界の事物は最も無法粗暴な蛮族の掌中に陥るであろう」という一文を残している。したがって、この頃から、キリスト教徒のなかで兵役を忌避する者が多く現れていたことを窺い知ることができる。

　テルトゥリアヌスが二世紀末に書いた著作からも、すでに軍隊にキリスト教徒がいたことが確認できる。当時、一つの事件が起きた。ある一人のキリスト教徒の兵士が投獄されたのだが、その理由は、皇帝から受け取ることになった賜金を、当時の習わしに従って月桂冠《げっけいかん》をかぶって受け取ることを拒否したためであった。テルトゥリアヌスはその兵士を弁護するために、『兵士の冠について』という著作も書いている。その著作は、すでに多くのキリスト教徒が軍隊にいたことを前提として書かれており、信仰に入って洗礼を受けたならば、直ちに軍隊から去るか、殉教の死を受け入れるしかないとも述べられている。四世紀初頭にキリスト教徒の大迫害が行われるまで、軍隊のなかでキリスト教徒はかなりの割合を占めるようになり、生まれながらのキリスト教徒も多かったとされている。

殉教した軍人は何を拒んだか

三世紀後半から四世紀はじめには、史実性がほぼ確実だと考えられる軍人殉教者も幾人か挙げることができる。なかでもマリノスは、最初に殉教したキリスト教徒の兵士とされている。

二六〇年頃、マリノスは百人隊長の地位に就くことになっていたのだが、その昇進を妬んだ他の兵士により、マリノスはキリスト教徒であるから皇帝に犠牲をささげることはないだろうと告発され、結局彼は殉教の死を遂げた。百人隊長は職務として皇帝崇拝を行い、供犠《くぎ》を先導せねばならなかったからである。他の軍人殉教者の場合も、キリスト教信仰そのものや、殺人行為の拒否といった平和主義的態度が問題だったというよりは、皇帝崇拝の拒否という、いわば「軍規違反」として処刑されたと考えられる。

マクシミリアヌスという青年も、三世紀末に兵役を拒否して処刑された。当時のディオクレティアヌス帝らは、自らをユーピテルなどの神々が顕現したものだとし、軍の徽章《きしょう》にも自分たちの像を刻んでいた。マクシミリアヌスは、キリスト教徒の兵士がそれを身につけることは偶像崇拝にあたると考え、断固としてそれを拒否した。また軍隊内で行われる異教的な祝宴を嫌ったこともあったようである。いずれにしても、兵役を拒否した理由は、決して戦いや流血に対する嫌悪という点だけではなかった。

マルケッルスは優れた軍歴をもつ軍人だったが、彼は「百人隊長の地位の誓いを冒瀆した」として告発された。マルケッルスはベルトと剣を取り去り、百人隊長の権威の象徴であったぶどうの木の鞭も投げ捨てた。彼は「全能の神の子、主イエス・キリストへの誓い以外のどんな誓いのためにも戦うことはできない」と言ったが、それは「軍隊の誓い」を拒否することを意味した。マルケッルスは、その後すぐに首をはねられ、殉教者となったのである。

同じように、ダシウスというローマ兵も、法廷で軍団長バッススに「われわれの主君である皇帝の像をあがめよ」と命じられたが、「私はキリスト教徒であり、いかなる地上の王のためにも戦わず、ただ天の王のために戦います」と答えた。バッススはダシウスに考えを変える時間的猶予を与えたが、それでもダシウスは考えを変えなかったので、他の殉教者と同じように首をはねられた。

二七年間を兵士として過ごしてきたユリウスも、最終的には剣で斬首されるのであるが、それも皇帝の供犠命令を拒否したことが、少なくとも表向きの理由である。彼は生前に七回もの戦闘に参加し、しかも勇敢に戦ったと自負している。彼自身、そのこと自体を後悔してはいないようであり、また戦闘そのものを他のキリスト教徒たちから非難されることもなかった。

ユリウスは逮捕されて上官の前に連れて行かれた時、係官に「これは規則に従おうとしないキリスト教徒です」と言われている。彼は、神々に供え物をささげるようにという皇帝の命令に逆らったとされたのである。上官は何度も供え物をささげるように説得するが、ユリウスは最後までそれを拒否し、殉教したのであった。

このように、キリスト教が公認される以前からすでに、軍隊にはそれなりの数のキリスト教徒がおり、また兵役を拒否する者も多くいたことが確認できる。しかし、軍隊での殉教は、必ずしも彼らが人を殺したり戦闘に参加したりすることを拒否したからではなく、多くはローマ軍の宗教性あるいは宗教的な政策との葛藤に基づく軍規違反がその理由だったのである。

コンスタンティヌス帝の治世以前には、キリスト教徒の兵士がとるべき態度について、教会側が何らかの方針や取り決めを定めたという記録は残っていない。教会会議では、キリスト教徒の生活や犯罪などについては厳しい決定が下されている。しかし、兵役についてはまったくと言っていいほど触れられていないのである。

ミラノ勅令の翌年、三一四年のアルル教会会議では、兵役はキリスト教徒にとって何の違和感もないものと考えられるようになった。キリスト教徒兵士の脱走は非難され、軍隊から脱走した場合には破門の罰さえ科せられるようになったのである。研究者の間では、その決議文の文言、あるいは当時の戦争・軍務についての捉え方にもさまざまな議論があるのだが、いずれにしても、ここですでに、キリスト教における戦争正当化の第一歩を見出すこともできそうである。

古代キリスト教文献における軍務の評価

新約聖書のなかには、しばしば軍事的比喩が見られるということはすでに述べた。同様に、初期のキリスト教思想家たちによる文書にも、軍事的比喩や軍隊用語が頻繁に用いられているのである。

例えば、アンティオキアのイグナティオスはその著作のなかで、洗礼を「武器」、信仰を「兜」、忍耐を「武具」と表し、また神から離反することを兵営からの脱走としても表現している。こうした例は、実はキリスト教に関する文書に限ったものでなく、エピクテトスなど一般の哲学的著作にも見られる。さらには、二〇世紀の哲学者ヴィトゲンシュタインも第一次大戦従軍中の日記のなかで、自らの哲学的問題への取り組みを軍事的比喩で表現したことがある。

一部のキリスト教徒たちは、教会を組織として維持するためには上下関係を明確にすることも必要だとして、軍隊における「命じる者」と「命じられる者」との区別を、そのまま教会組織においても本質的なものだと考えたからこそ、信仰を軍隊のアナロジーで説明しようとしたのではないかとも考えられる。また一方で、実際に本音として、信仰を戦闘的イメージで捉えていたのかもしれないと考えることもできる。というのも、キリスト教公認以前は、キリスト教徒に対するおぞましい拷問も行われていたからである。

斬首や火あぶりのみならず、サディスティックに創意工夫されたさまざまな拷問は、現代に生きる私たちの誰もが吐き気を覚えるほど、凄《すさ》まじいものだったようである。それに対する強い不安と恐怖に耐え、あるいは現に死ぬまで肉体的苦痛にさらされることが「信仰」であるならば、それはもはや「戦い」と認識せざるをえないほど、壮絶なものだったのではないだろうか。

キリスト教徒たちは、優しい眼差《まなざ》しでおとなしく上品に佇むのではなく、むしろ屈強な戦士のように逞《たくま》しく気を張っていなければ、現実には信仰を維持できなかったであろう。このように想像してみるならば、新約聖書やそれ以後の文書において、信仰が軍事的比喩で表現され戦闘的イメージで語られるのは、必ずしもおかしなことではなかったようにも思われる。

古代のキリスト教思想家たちが書き残した文書において、軍務に対する姿勢は著者たちの間で一致しているというわけではない。また、それぞれの表現には曖昧な部分もあるので、どう解釈するかについてはさまざまな研究があるが、おおよそは次のようなものであった。

例えば、ヒッポリュトスは、二一五年頃に書いた文書で洗礼志願者の資格について論じ、洗礼準備教育を受けることが禁じられる一連の職業として、戦車（チャリオット）競技の御者、剣闘士などを挙げている。そして、すでに兵役に就いていてキリスト教徒になった者は、殺人を犯さなければ軍隊にとどまっていてもよいが、受洗した者が軍隊に入ることについては原則として否定的な姿勢をとっている。したがってこの時期には、いちおうすでに兵役を忌避する思想があったことになる。

アレクサンドリアのクレメンスは『ストロマティス』という著作で、モーセを預言者、政治家であるのみならず「戦略家」「戦術家」でもあると述べ、彼が軍事的指導者としていかに優れていたかについて述べている。詳しい根拠は不明だが、クレメンスによれば、「マラトンの戦い」でペルシア軍を破ったミルティアデスも、モーセの戦法を真似たのだというのである。

クレメンスは、戦闘の場においては伝令を送って和平を呼びかけるまでは相手を敵と見なしてはならないとし、敵側の土地を荒らすことなども禁じるなど、戦争においても最大限の慈悲を守ろうとはしている。しかし、戦争そのものをあってはならないものとして否定はしていない。彼はまた別の著作で、兵役についてはそれもまたキリスト教信仰と両立すると考えていたと解釈できる記述も残しているのである。

研究者のなかには、キリスト教徒がローマ軍に兵士としてとどまる場合、それは戦争をする軍人としてではなく、軍隊の「警察的機能」のみを果たす者として承認されていたのではないか、と推測する者もいる。だが二一世紀現在でさえ、世界各国には武器の所有を認められた組織として、常備軍、警察のみならず、沿岸警備隊、国家憲兵、民間軍事会社など多様なものがあり、準軍事組織という概念もあるように、軍隊と警察の境界は必ずしも明確ではない。そもそも当時の世界で、軍事と警察を分ける発想や概念があったのかどうか、また兵士の職務が具体的にどのようなものであったかについては、あらためて詳細な研究が必要なので、こうした考えが妥当かどうかについては慎重であらねばならないであろう。

教父オリゲネスの解釈

最も重要なギリシア教父として、オリゲネスという人物がいる。オリゲネスのいくつかの著作からは、彼が新約聖書における非暴力主義の考えに従おうとする姿勢を読み取ることができる。彼は『コリントの信徒への第一の手紙注解』において、軍隊における偶像崇拝をはっきりと問題にしており、また当然ながら、殺人や流血を肯定することもない。新約聖書の「福音書」におけるイエスの言葉を念頭に、キリスト教徒はどんな時も武器を手にすることは許されないとも述べ、兵役については否定的な考えをもっていたと思われる。

しかし、オリゲネスによれば、キリスト教徒は自ら戦いはしないが、手を清浄に保ち、神への祈りをささげることによって「正義のために軍務に就いている人々」に敵対する者たちがみな滅びるように努めるのだという。平和を乱す悪霊どもを祈りによって滅ぼすことは、軍務に就こうとする者たちに勝るとも劣らぬ貢献をしている、と彼は言うのである。

「正義のために軍務に就いている人々」を援助するのがキリスト教徒の義務であることを認めている点において、オリゲネスの議論は純粋な絶対平和主義とは一線を画しているように思われる。彼もまた「キリストの軍隊」「主の陣営」「神の兵士」といった軍事的比喩を多用し、キリストについては「私たちの軍隊の指揮官」という表現もしている。その思想内容とあわせて考えるなら、それらは単なる伝統的なレトリックではなく、実際に戦闘的なイメージで信仰を捉えていた可能性もあるかもしれない。オリゲネスは、キリスト教徒も秩序と平和を確立・維持するという軍隊の役割を手助けする責任があることを認めるが、基本的にはその責任を世俗的な次元ではなく、内的・霊的な次元で遂行することを考えたのである。

オリゲネスは、先に紹介した旧約聖書における数々の戦闘描写を、キリスト教徒が従事すべき「霊的な戦い」の予兆として捉え直すという、いわば寓意《ぐうい》的な解釈を試みている。また一方では、旧約聖書における戦争を、ユダヤ人にとってはやむをえない防衛戦争だったとして是認するような記述も残している。彼は「ローマの平和」を、福音を伝えるための「神の配慮」と捉え、帝国の政治においては、戦争が行われざるをえない場合があることも認めているが、ただし、その戦いは正当な理由のある秩序をもったものであらねばならないとしていた。それはいわゆる「正戦論」とまではいかない実に簡単な記述に過ぎないが、こうしてみれば、後のアンブロシウスやアウグスティヌスによる正戦論も、彼らにおいて突如新しく生み出されたものではないことがわかる。

障壁は、殺人行為より偶像崇拝

すでに触れたテルトゥリアヌスは、三世紀初頭に著作活動をしたラテン教父であり、彼は百人隊長の子、つまり軍人の息子でもあったと伝えられている。

彼の著作のなかには、戦争をある程度やむをえないものと考えているように受け取ることのできる記述も見られ、また他の著述家にも増して、軍事的比喩も多く見られる。彼は国の合法的な権力を否定することはできず、戦いが必要な時もあるという見解に立っているが、もちろん虐殺や破壊など、過剰な暴力は非難した。テルトゥリアヌスは、ローマ帝国を含めたあらゆる国は、戦争によって獲得され、戦争の勝利によって拡大されるものだと述べている。そして、真理や正義といったものは剣でもって生み出すことはできないとするのである。

また、テルトゥリアヌスは、キリスト教徒が軍に入ることも正しいとは考えなかった。彼がキリスト教徒の兵役に反対する理由は、基本的には軍隊生活における偶像崇拝（皇帝崇拝）に対する警戒である。もちろん殺人に対して否定的であったことは間違いないが、ほとんどの著作では、キリスト教徒がローマ軍に入ることは、もっぱら偶像崇拝的性格ゆえに受け入れられないという点を中心に議論されているのである。テルトゥリアヌスはローマ軍を、兵士の生活の多くを宗教的なもので覆う組織だと見なしていたようである。少なくとも彼の著作において、戦闘において人を殺すのは悪いことだ、と集中的に主張されている箇所は限られており、それだけを理由にキリスト教徒は軍隊に入るべきではないとしていたとは考えにくい。

確かにテルトゥリアヌスの書いたもののなかには、キリスト教徒は「殺すよりも殺される方がましである」と考えている、と述べている箇所がある。だがそれは、帝国内にいる数多くのキリスト教徒たちが治安を乱し革命や暴動を起こすのではないか、というローマ人たちがもっていた不安に対して、そのような心配は無用だと異議を唱えるためにそう述べたのであって、戦闘や殺人の是非に関する文脈で出てきた言葉ではないのである。

平和主義と暴力の相克

見てきた通り、多くの初期キリスト教徒たちの態度、あるいは著述家たちの言葉や主張は、迷いなく「平和主義的」だと断定できるものではない。残された文書には、曖昧なものの言い方をしている箇所も多くあり、また当時の社会状況や価値観とあわせて解釈せねばならない点も当然ある。だが、それでもやはり、現在の私たちが普段イメージしているような絶対平和主義・非暴力主義とは異なると言わざるをえないだろう。

単純に考えれば、もし最初からすべてのキリスト教徒が「平和主義的」に振る舞っていたら、キリスト教徒は絶滅していたか、せいぜい小さなセクトであるにとどまっていたのではないかと思われる。後のキリスト教徒は、実際には、異教徒や他教派を迫害し、戦争や植民地支配を行って勢力を拡大し、安全保障にも現実的に取り組むことで、生存し、仲間を増やしてきた。今現在も、世界中いたるところに二三億人ものキリスト教徒がいるということが、少なくとも主流の教派は、決して純粋な非暴力主義でも完全な平和主義でもなかった証拠であろう。キリスト教は真理であるから世界に広まったのだ、などと思い込んでいるとしたら、それはナイーブというよりむしろ傲慢《ごうまん》である。

戦争や迫害に反対する声をあげてきたキリスト教徒もいたが、それ以上に多くの者が、戦争や迫害に加担してきた。明確な悪とまではいかなくとも、何らかの形で暴力を正当化してきた。人間も所詮は動物である以上、生き残るためには、「警察的機能」であれ「正当防衛」であれ、残念ながら何らかの理由をつけた暴力を必要とするのが宿命である。

現代日本のキリスト教徒は、平和主義を唱えており、確かに日々の問題を武力・暴力で解決したりなどしない。しかし、実際には、警察、自衛隊、海上保安庁が「武力」によって治安を守ってくれており、それらによる平和の恩恵を受けている。税金を払って他人に暴力を任せることにより、自分自身は武力行使をしないで済ませているのみならず、自らを「平和主義者」だと思うことまで可能にしているのである。

少数ながらも、真の平和主義的キリスト教徒がいたこと、そして今もいることは、十分に覚えておかねばならない。だが、彼らはあくまでも例外である。キリスト教界の多数派も、イエスの教えを文字通りに読めば、それらは確かに非暴力主義・平和主義であると認めざるをえない。しかし、現実には大多数はそのように振る舞えない。だからこそ、彼らはそれを実践する「例外」の人々を念頭に「本当のキリスト教は平和主義です」と主張し、そうした人々をあたかも「本来の自分たち」であり「自分たちの代表」であるかのように思い込むことで、認知的不協和を軽減し、安心を得てきたのではないだろうか。

信仰における戦争と平和の矛盾は、何も後の時代の堕落したキリスト教徒によって初めてもたらされたものではない。それは、キリスト教がその初期から抱え続けている悲哀なのである。これまで二千年間もキリスト教徒はその矛盾について考えてきたわけだが、これから先も、それがクリアに解決される見込みはない。むしろ、未解決の矛盾を背負い続けたまま現実と関わり、非難されたり称賛されたりしながら、どうにか騙《だま》しだましやっていくのが、キリスト教という文化の日常なのである。

だが、キリスト教は、それが誕生してからいつまでも戦争や暴力に対する姿勢を曖昧にし続けてきたわけではない。キリスト教は思想・神学のレベルでも、意外と早くから、はっきりと戦争や暴力を正当化してきたのである。

アウグスティヌスという思想家がいる。三五四年に北アフリカで生まれ、四三〇年に死んだ人物で、彼はキリスト教の教義の重要部分を確立したことで知られている。アウグスティヌスを抜きにして現代にいたるキリスト教はなかったといっても過言ではないほどであるが、実は、キリスト教において戦争・暴力を場合によっては是認するという思想も、おおむね彼から始まったのである。

厳密には、アウグスティヌスに洗礼を授けたとされるミラノ司教アンブロシウスが、キリスト教的正戦論の元祖だとも言える。だがいずれにしても、「右の頰を打たれたら左の頰も向けよ」という教えは、イエスが十字架で死んでからわずか四〇〇年ほどで、早くもそれが文字通り実践されることは稀《まれ》になり、条件付きの戦争や暴力は堂々と認められるようになった。そうした思想・態度はキリスト教の主流となって、今現在にいたっているのである。

キリスト教における正戦論のはじまり

戦争を正当化する思想、あるいは、戦争が容認されるとするならばその根拠や条件は何かについて議論するものを、一般に「正戦論」という。ヨーロッパにおける正戦論の思想史は、しばしばキリスト教誕生よりも前の思想家キケロあたりから紹介される。キケロは戦争を好まず、力で争うのは獣のすることだとしながらも、敵の撃退や復讐を目的とし、宣戦布告がなされることを正当な戦争の条件としたのであった。広い意味での「正義の戦い」の思想は、プラトンとアリストテレスまで遡れるだろう。

すでに見てきたように、初期には兵役に否定的なキリスト教徒もいたが、アンブロシウスは、キリスト教徒が兵役に就くことを信仰と矛盾するとは考えなかった。彼は帝国の防衛と信仰の防衛を同一視し、また友を守れる力があるのにそれをしないならば、それは危害を加える者と同じ過ちを犯すことになると考えたのである。

旧約聖書には、アブラハムやモーセの武勇も描かれているが、アンブロシウスはそうしたものも肯定的に評価している。彼はキリスト教の平和主義を、個人的な問題、および聖職者についての問題として捉え、聖職者が戦闘に加わることには否定的だったが、正義のための戦いにおいてキリスト教徒が参戦することには、大きな抵抗を感じてはいなかったのである。

アンブロシウスよりも一五歳ほど若いアウグスティヌスは、まとまった著作においてではないが、より多く戦争について言及した。そのため一般には、彼こそがキリスト教的正戦論の源泉と見なされている。

アウグスティヌスは、もちろん戦争そのものを肯定するわけではない。彼は「ダリウスへの手紙」で、剣をもって敵を殺すよりも、言葉によって戦争を終わらせる方が大きな栄誉に値する、と述べている。しかし、彼は複数の文書において、キリスト教徒が兵役に就くことは許容しており、軍務自体が信仰に反するとは考えなかったのである。

例えば、「ボニファティウスへの手紙」において、アウグスティヌスは、武器を手にして戦うからといって、神を喜ばせることができないなどと考えてはいけない、という。また「あなたは、勝利を収めることによって、戦っている人たちを平和の安寧に連れていくために、戦闘の渦中においても平和をもたらす者であって下さい」とも述べている。別の説教によれば、善を行うことを妨げるのは「軍務」(militia) ではなく「悪徳」(malitia) なのである。

アウグスティヌスは、イエスの非暴力の教えを「内面化」して解釈すること、つまり心の問題として解釈することで、やむをえないかぎりの暴力は正当化したのである。彼によれば、自分の命を守るために相手の命を奪うことは間違いであるが、他者を助けるためには戦う義務があるとされる。私人には、法律はやむをえなければ自分を守るために相手を殺す許可を与えるが、そうするように義務付けているわけではない。しかし兵士には、法律は単に許可を与えているのではなく、罪のない人を守るために不正な相手を殺す義務や、悪人の死刑を行う義務や、武器を使って敵と戦う義務を負わせている。アウグスティヌスによれば、公的な次元では正当な武力行使、殺人はありうるのであって、正しい戦争で人を殺す兵士や、死刑を執行する刑吏は、殺人者ではないと考えたのである。

アウグスティヌスは戦争に関し、特定の著作で集中的に議論したわけではないが、彼の考えの要点は、おおよそ次の三点にまとめてよいと考えられる。すなわち、戦争は領土拡大や相手財産の略取などの目的のためには正当化されないということ、そして、正しい戦争は合法的な権力によって実行されなければならないということ、そしてもう一つは、戦争で暴力を避けることができないにしても、その動機の中心には愛がなければならない、ということである。彼は戦争という事象そのものにはもちろん否定的であったが、いかなる場合も暴力を否定するという絶対平和主義者ではなかった。アウグスティヌスにおいて、戦争で人を殺すことと愛とは矛盾しないのである。

トマス・アクィナスの三条件

こうしたアウグスティヌスの考えを踏まえて正戦論を整理し、現代にいたるその議論の原型をつくったのが、一三世紀のスコラ学者トマス・アクィナスである。トマスは『神学大全』の第二部第二第四〇問題で戦争問題を扱ったが、それは基本的にはアウグスティヌスの議論を念頭に、それを敷衍《ふえん》する形で展開されている。そのなかでトマスは、ある戦争が正しいものであるための三つの条件を提示している。

第一は「正当な権威」である。戦争は私人に属する仕事ではなく、戦争を行う際の全権と決定は君主の権威によらなければならないとされる。第二は「正当な理由」である。攻撃される人たちには、何らかの罪のために攻撃を受けるに値するといった原因がなければならない。そして第三は「正当な意図」である。すなわち、戦争は善を助長し悪を避けるといった意図のもとで遂行されねばならないとするのである。

現代における標準的な正戦論は、戦争にいたる正義（開戦法規、jus ad bellum）と戦争における正義（交戦法規、jus in bello）とまずは大きく二分され、それぞれのなかで、侵略の抑止などの正当な理由があること、それが最終的な手段であること、成功の見通しがあること、非戦闘員を攻撃しないこと、必要以上の攻撃をしないことなど、さまざまな具体的条件が考えられている。第一章で触れたカトリックの『カテキズム』でも「軍事力による正当防衛」を行使できるための条件として四つが挙げられていた。そうした議論はいずれも、トマスが一三世紀に議論した三条件の延長線上で考察されてきたものなのである。

『カテキズム』の該当箇所では、トマスの『神学大全』から次の箇所が引用されており、彼の神学的権威を尊重していることが窺える。

もし或る人が自分の命を守るために、必要以上の暴力を行使したならば、赦されざることであろう。これにたいして、もし節度を保ちながら暴力を排除したならば、正当な防衛であろう。（中略）さらに、他人を殺すことを回避するために、人が節度ある防衛行為を放棄することは、救いをうるために必要不可欠なことでもない。なぜなら、人は他人の生命よりも自分の生命をより多く配慮するように義務づけられているからである。

厳密には、アウグスティヌスが「戦争」という事態で念頭においていたのは、ローマ市民同士の争いであったり、あるいは帝国内の秩序を維持するための警察的行為であったりしたのであり、つまり現在の私たちがイメージするような対外戦争というよりは、国内の治安維持活動だった、という点を強調する研究者もいる。

またその一方で、アウグスティヌスの著作には、旧約聖書に見られるさまざまな戦争を神の命令に忠実に従ったものとして肯定する記述も見られるため、彼の考えは「正戦」（just war）を踏み越えて、より積極的な戦争の肯定である「聖戦」（holy war）の域に食い込んでいると指摘する研究者もいる。アウグスティヌスの戦争理解については多くの研究があり、精密な分析が求められるが、さしあたりここでは、彼の思想が決して純粋な絶対平和主義ではなく、後の正戦論の第一歩になったという点を覚えておくにとどめたい。

二一世紀現在でも、絶対平和主義と正戦論との間ではさまざまな議論がなされている。キリスト教信仰に基づいた絶対平和主義者の声も、決して小さいわけではない。しかし、キリスト教主流派の歴史においては、やはり条件付きで戦争を肯定するのが基本的なスタンスとして引き継がれてきたのである。そうした思想は、五世紀にはすでに明らかな形で現れ、一三世紀以降はある種の権威・伝統さえ有するようになって現在にいたっているというのが、端的な事実なのである。

第五章

戦争・軍事との密接な関係

十字軍の時代

キリスト教と戦争との関係といえば、多くの人は、十字軍を思い浮かべるであろう。一口に十字軍といってもいくつかあるが、最も有名なのは、一一世紀末からの約二〇〇年間に幾度も繰り返されたパレスチナ地方への軍事遠征、ないしはそれに参加した人々である。それはキリスト教史における大きな汚点の一つと見なされる一方で、善の悪に対する戦いを意味する言葉として、現在でも比喩的に用いられることがある。

これに関連する論文や書物の数は、すでに膨大である。これまで、歴史家に限らず、実に多くの人々が十字軍に関心をもち、研究が積み重ねられてきた。第一次大戦時、アラブ人にゲリラ戦を指導したイギリス人将校、「アラビアのロレンス」ことT・E・ロレンスもその一人で、彼がオックスフォード大学に提出して最優秀とされた卒業論文は、十字軍城塞《じょうさい》に関するものであった。

ジャン・リシャールは『十字軍の精神』（法政大学出版局）で、十字軍は「キリスト教全体の一つの制度」だったと述べている。「当時のキリスト教世界の要求に応えるため、ローマ教皇庁の意図によって生み出され、いくつかの世界公会議によって推薦された制度」であるという。また、十字軍はキリスト教徒にとって「安易な方法によらず、苦しみと死と試練のなかで信仰を証明する機会であった」とも述べている。

七世紀、ムハンマドが天使ジブリール（ガブリエル）から啓示を受けて以降、イスラム教徒は急激に勢力を増し、領土の拡大を目指すようになっていった。やがて彼らは小アジアを掌握し、東ローマ帝国を脅かすようになっていく。そこで、東ローマ帝国のアレクシオス一世から援軍の要請を受けたローマ教皇ウルバヌス二世は、クレルモン会議で聖地回復をアピールし、十字軍を結成するのである。その数は一〇万人にものぼった。

一〇九九年にはいったんエルサレムを奪回し、王国がたてられた。十字軍がエルサレムに突入した時は、イスラム教徒に対するおぞましい虐殺が行われた。守備隊のみならず、女や子供も殺された。戦闘や虐殺がなされた場所には血が池のようにたまり、十字軍兵士と彼らをのせた馬も、そのなかをじゃぶじゃぶと渡っていったと伝えられている。

しかし、やがてイスラム教徒たちも十字軍との戦いを「聖戦」と見なして反撃を始めた。すぐに形勢は逆転し、キリスト教徒側は危機に瀕《ひん》するようになっていった。そこで第二回十字軍、そして第三回十字軍が結成されるが、いずれも十分な成果は得られず、以後は宗教的動機というよりも経済的な動機の方が強くなっていった。第四回十字軍は聖地奪回という当初の目的から逸《そ》れ、略奪なども横行し、東ローマ帝国に害を及ぼすようになってしまった。その十字軍を召集した教皇インノケンティウス三世も、最初は十字軍の過ちに批判的だったものの、やがてはそれも教会を再統一させるための神の手段だと考えるようになった。十字軍は形骸化しながらも繰り返され、一二七〇年の第七回（数え方によっては第八回）十字軍で終わりとなった。

十字軍といえば、キリスト教徒によるイスラム教徒への攻撃というイメージが強いかもしれない。だが、第一回十字軍は遠征途上のドイツや東欧で多くのユダヤ人を迫害し、第四回十字軍はコンスタンティノープルで東方正教会を攻撃した。よって全体の背景には、排他的な西欧キリスト教民族主義があったとも言える。

この時代に、テンプル騎士団や聖ヨハネ騎士団など騎士修道会も創設された。清貧・貞潔・従順の誓いをたてた騎士たちの修道会は大きな存在感を示し、彼らは巡礼の保護や、貧者・病者の世話などもしたが、もちろんその活動には軍事行動も含まれていたのである。

十字軍に参加した者には「贖宥」（罪の贖《あがな》いの免除）が約束されていたため、慢性的な生活不安のなかで生きることを余儀なくされていた多くの貧しい人々にとって、それは「巡礼」として魅力あるものだった。したがって、宗教的情熱によってこれに加わった人が多くを占めていた。
しかし、なかには冒険心に基づく者や、戦利品目当ての者、貿易の利権を得ることが目的だった者などもいて、軍務に就くにはあまりに不適格な貧民や無法者も珍しくなかった。それは現代の私たちが軍隊という言葉でイメージするものとはほど遠く、集団としての秩序さえ十分には保たれていないこともあった。家財道具を荷車に積み込んで、家族ぐるみで参加するという例もあったのである。この十字軍という出来事、あるいはその時代を把握するには、政治的、経済的、文化的な背景などを幅広く考慮せねばならない。

確かに十字軍は、都市の発達や貨幣経済への転換など、後のヨーロッパ文化の発展に大きな影響を与え、音楽・美術・文学などの分野に、結果として多くの実りをもたらしたとも言える。また、キリスト教内部においては、聖地との関わりが意識されたことから、聖書における歴史物語への関心が高まった。そして十字架の破片や聖書の人物の骨や歯といった物が大量に持ち込まれたことで、聖遺物への崇敬も流行した。イスラム文化との接触を通して、神学・哲学も発展していったことなども挙げられる。

しかし、結果としてさまざまな変化・発展をもたらしたとはいえ、他宗教に対する敵視や残虐行為などの点で、十字軍そのものは決して正当化されうるものではない。十字軍は結局、キリスト教徒とイスラム教徒、そしてラテンやビザンティンのキリスト教徒の間に、不信感や敵意を増幅させてしまったのであった。そうした壮絶な時代から約八〇〇年後の二〇〇〇年に、ようやくローマ教皇ヨハネ・パウロ二世は、十字軍の経緯のなかでイスラム圏やビザンツ圏でなされたさまざまな罪過について謝罪をしたのである。

さて、こうした十字軍の歴史的プロセスについては、すでに高校の教科書でも解説されているので、ここであらためて細部の説明を繰り返す必要はないであろう。以下では、こうした十字軍という発想を支えたキリスト教文化の根本的な傾向に目を向けたい。それは、キリスト教の「信仰」と、広い意味での「軍事」との親和性である。

十字軍を含め、宗教戦争について広く考えていくうえでは、信仰と軍事の両者は常に対立的だったのではなく、むしろ両者の間には連続性があり、信仰は軍事と重ね合わせて捉えられる傾向さえあったということが重要だからである。

中世のキリスト教文化と「軍事」との親和性

直接「戦争」の話は出てこない新約聖書でも、信仰に関して「神の武具」「正義の胸当て」「信仰の盾」「義の武器」「キリストの兵士」という表現が出てくることは、すでに見てきた通りである。「信仰の戦いを立派に戦い抜き……」（テモテへの手紙一6：12）や、「福音の信仰のために共に戦っており……」（フィリピの信徒への手紙1：27）という表現も見られる。こうした点から素直に考えるならば、そもそもキリスト教という宗教は、「信仰」を「戦い」のイメージで語る傾向の強い宗教であるようにも思われる。

そのような、聖書やその他のキリスト教文書における軍事的表現は、しばしば「単なるレトリック」として軽視されてきた。中世盛期は教会や修道院の受け入れ態勢が変化して、子供よりも比較的年長の若者や成人を優先し、その多くが軍事訓練や実戦の経験をもつ者たちだった。よって、一部の研究者によれば、軍事的なレトリックは、そうした人々に対して、祈りを中心とした生活を教えるための一つの方法だったというのである。確かにそうした面もあったことは否定できない。

しかし、これまでのキリスト教史においては、文字通り自分をキリストに従う「兵士」と自覚し、軍隊に加わるのと同じ感覚で教会や修道院に加わり、信仰を「戦い」と認識した人々も少なくないのである。キリスト教徒たちは、皆が静かに優しく愛を説く、おとなしい雰囲気の人たちばかりだったわけではないのだ。

修道院文化と軍事との親和性について考察した研究の一つに、キャサリン・アレン・スミスの『中世の戦争と修道院文化の形成』（法政大学出版局）がある。スミスはその本のなかで、中世のキリスト教世界では、修道士の活動と世俗の戦士の活動とがパラレルに捉えられる傾向が強く、キリスト教徒とその活動や組織は、しばしば軍事用語や軍事的比喩で説明されたと述べ、その実例を大量に挙げている。

スミスによれば、中世盛期の修道士たちにとって、「戦争は単なるこの世の悪ではなく、自己認識へいたる道であり、キリストにならうための方法」であったという。「軍事的な言語やシンボリズムは、修道士のアイデンティティに深く織り込まれていた」のであり、修道士の考え方や姿勢は、「戦争」や「戦士」と日常的に向きあうなかで形成されていったのである。

現存する一一世紀や一二世紀の修道士たちの書いた説教集、書簡、聖人伝を精査すると、かなり多くのものに軍事的なレトリックが登場する。スミスは、宗教生活との関連で軍事用語を使わなかった著者はほとんどいないといってもよいほどだとも述べている。修道女や女性隠者も、その例外ではなかった。修道士たちが自らを「キリストの兵士」だと言うとき、それは気軽なレトリックとして口にされたのではなく、むしろリアルな自己認識といっても過言ではないものだったのである。

見てきたように、キリスト教徒を神に仕える「兵士」ないしは「戦士」と捉える見方は、キリスト教の初期からあった。初期の教会指導者たちは、規律と服従を重んじる教団形成のために、ローマ軍の組織を見習ったとも言われている。三世紀のカルタゴ司教キュプリアヌスは、この世はキリスト教徒にとって、病気や死、そして悪魔から襲撃されている「戦場」

であると考え、アウグスティヌスの師であるアンブロシウスも、信者は精神的な戦いのために規則正しく訓練するようにと勧めた。

信仰を精神的な闘争として捉える傾向は、やはり一一、一二世紀で突出したレベルに達し、特に修道院文化ではそれが一般的にさえなっていった。十字軍の時代に書かれた文書で、ある司祭は、「祭服」を戦士の「鎧」に、「祈禱書」を「剣」になぞらえた。実際に武器を手に戦う世俗の軍隊と、精神的な軍務を担う修道院は、両極的に対立するものではなく、むしろ補完しあうものであり、よく似た仕事であるとも考えられたのである。

修道士は戦士、修道院は城塞

戦士だった者が修道院に入ってくる例も急増したが、彼らは戦場で戦うことは放棄したものの、「戦い」そのものをやめたわけではない。むしろ、「信仰」という精神的武器を振るうやり方を学ぼうとしたのである。また、生涯を修道院で暮らしてきた人々も世俗の戦いに関心をもち、戦士たちから学ぼうとしたのであり、修道士のアイデンティティは、戦士との交流を通して構築されていった。「祈る人」と「戦う人」は共闘関係にあったと言ってもよい。

精神的な戦いを行う者たちは、自分たちを世俗の戦士たちより上位に位置づけようともした。隠遁《いんとん》所や修道院でなされる流血をともなわない精神的な戦いの方が、現実的な戦闘よりも高尚な戦いだとされたのである。武器を捨てて修道士や聖職者になることは、戦士であることをやめることなのではなく、もっと優れたタイプの戦士になり、より高いレベルの戦争を戦うことを意味したのである。

修道士たちのなかには、城塞建築にも興味をもち、軍事戦略の手引書を読み、武器や鎧のみならず、攻城器具の最新技術に関心をもつ者もいた。修道院建築においては、城塞が強く意識されていたからである。ベネディクトゥスが六世紀に建てたモンテ・カッシーノ修道院も、キリスト教の「要塞」と見なされた。一人ひとりの魂は、壮大な精神的戦争において守るべき「城」であって、教会や修道院の建物それ自体も、邪悪なものから常に狙われているという点で、やはり城であり要塞であると見なされたのである。

軍隊生活には多くの厳しい規律があるが、修道院での禁欲生活も軍務の一形式としてイメージされた。信仰生活を軍事的レトリックで表現することにより、新参の修道士に修道院生活の厳しさを知らしめると同時に、そこでの苦しみに「意味」を与え、また修道士自身に己の修養段階を的確に認識させることができたのである。厳格なルールのもとで、共に生活し、共に戦うという点で、軍隊と修道院には確かに類似性があった。修道士たちは、自らを「神の陣営」にいる「主の隊列」であると認識することで、実際に結束や連帯を強めていくことができたのである。

アルフレート・ファークツによる『ミリタリズムの歴史――文民と軍人』(福村出版)という本がある。ファークツはそのなかで、軍隊的な組織形態をもつプロテスタントの一派である「救世軍」や、元軍人のイグナチオ・デ・ロヨラらによって創設された「イエズス会」を例に挙げながら、キリスト教徒の「宗教的博愛主義のために軍事的本能につけこもうとする試み」に触れている。「種々の教会組織も、軍事的な形態と心的傾向を利用してきた」という指摘は正しいであろう。

現代の一般的なキリスト教会でも、信者仲間のことをしばしば「兄弟姉妹」と呼ぶが、一一、一二世紀は「戦友」と表現されることも珍しくなかった。そして修道士が精神的な戦士であるなら、修道院長は天の軍隊の司令官と見なされ、その職は軍事的リーダーシップを連想させるものでもあった。修道院長は戦争指導者として無条件の服従を命じたが、その代わりに彼は、誠実な兵士たちを訓練し、守り、自らが兵士たちの忠誠心に値することを証明する義務も背負っていたのである。

中世の多くの修道院で、共同生活の基礎として、聖書と同じくらいよく読まれたと言われているものに『ベネディクトゥス会則』がある。そこには、例えば「真の王たる主キリストに仕えるために自らの意志を捨て、服従という最も堅固で輝かしい武器をとる者には……」(古田《ふるた》暁《ぎょう》訳)という一節がある。「服従」が「武器」と表現されていることに加え、ここで

「仕える」と訳されたラテン語（militaturus）には「戦う」という意味もあることを考えれば、やはり修道士や聖職者は、自らを戦士のイメージと重ね合わせる傾向が強かったと推測してもよいであろう。

武器を捨て、信仰をもち、具体的な暴力は禁じられるようになっても、戦闘的精神そのものは信仰と矛盾することなく生き続けたのである。「殺してはいけない」という教えは、戦い自体を放棄することなのではなく、むしろ、さらに高度な戦いのための戦略であり、「祈り」は剣よりも高尚な武器だったのである。だからこそ、戦場に司祭が同行し、神に祈り、兵士を励ますのは、まったく自然なことだったのである。

ただし、キリスト教文化が軍事と密接な関係にあるということと、実際に信者たちによって戦争が行われることとの原因・結果の関係については、あらためて慎重に検討する必要があるだろう。

聖人伝説における「戦い」のイメージ

二〇世紀になってから「聖人」とされた一五世紀の少女、ジャンヌ・ダルクは日本でもよく知られている。

ジャンヌは百年戦争で祖国フランスの危機を救った国民的ヒロインであるが、彼女の名声も、「戦功」と不可分であった。実際にジャンヌがどのくらい直接戦闘に関わったのかについては諸説あるが、兵士たちを戦いに駆り立てたことは確かである。また、絵画などに描かれている彼女は、しばしば甲冑《かっちゅう》をまとい、剣を手にしている。

しかし、平和主義を自称するキリスト教徒たちも、剣を手にした「聖人」ジャンヌの姿を見て、「話し合いで解決すべきだ」などと批判したりはしない。彼女について触れられる際には、「敵を愛せ」とか、「剣を取る者は皆、剣によって滅びる」というイエスの言葉など、思い出されもしないのだ。結局それは、キリスト教徒たちも内心では、場合によっては武器を持つことを認めているからではないだろうか。

いわゆる聖人や殉教者の言行・生涯を集めた『黄金伝説』という本がある。著者は一三世紀のドミニコ会士ヤコブス・デ・ウォラギネで、全体は一七六の章から成っている。聖人伝は数多くあるが、これはそのなかでも白眉《はくび》とされるものである。

この『黄金伝説』に列挙されている聖人・殉教者にも何人かの軍人がいる。例えば聖セバスティアヌスである。彼はローマ軍の近衛隊長だったが、キリスト教徒であることがわかって殺されたとされている。美術史では、木や柱に縛り付けられて体に多くの矢が刺さっている美青年の姿で描かれることが多い。日本では、三島由紀夫《みしまゆきお》が『仮面の告白』でそれに触れ、彼自ら聖セバスティアヌスのポーズをした写真を撮ったことなどでも知られている。

聖マウリティウスという人物もいる。マウリティウスは、伝承によればテーバイ人軍団と呼ばれるキリスト教徒の軍団の指揮官であった。三世紀末に殉教し、後には騎士修道会、兵士、武具師などを保護する聖人とされるようになった。

もう一人は聖マルティヌスである。マルティヌスは軍人として生活していたある冬の日に、裸の物乞いに出会い、哀れに思って自分の着ていた外套《がいとう》を二つに裂いて、彼に与えた。その夜、彼は自分が与えた外套を着ているキリストの夢を見て回心し、後に軍を除隊して信仰に身をささげた。彼が物乞いに与えた外套（cappa）は聖遺物となり、それを管理する司祭は**cappellanus**と呼ばれ、それはやがて、礼拝堂を表す「チャペル」や、軍隊や学校などに専属の聖職者を表す「チャプレン」といった語の元となった。

こうした軍人ないし元軍人は、ローマ軍人であることと自らの信仰との間に葛藤を抱えており、崇敬対象となっていることにおいて「軍人」であることや「戦い」のイメージそのものが重要なわけではない。だが『黄金伝説』のなかには、戦闘的なイメージが重要な聖人も挙げられている。それが大天使聖ミカエルと、聖ゲオルギウスである。

大天使聖ミカエルは、幾度も人々の前に現れたことが伝説的に語り継がれており、美術作品では、甲冑を身につけ、剣や槍を手に武装して、竜を踏みつけているなどの勇ましい姿で描かれることが多い。新約聖書に次のように書かれているからである。

さて、天で戦いが起こった。ミカエルとその使いたちが、竜に戦いを挑んだのである。竜とその使いたちも応戦したが、勝てなかった。そして、もはや天には彼らの居場所がなくなった。

（ヨハネの黙示録12：7）

旧約聖書の「ダニエル書」では、ミカエルはユダヤ人のためにペルシアと戦い、世の終わりにも神の民のために立ち上がる。また新約聖書「ユダの手紙」では、ミカエルはモーセの遺体を悪魔から守ろうとし、「ヨハネの黙示録」では、悪魔を天から追い落とすのである。聖ミカエルは、憎むべき破壊者が現れた時にはすぐに立ち上がり、選ばれた人たちを守ってくれる存在なのである。『黄金伝説』では、聖ミカエルには三つの戦いがあるとされている。一つはルキフェルを天から突き落とした時の戦い、もう一つは、私たちを誘惑しようとする悪魔たちとの戦い、そして最後は、世の終わりの時の反キリストとの戦いである。

これまで聖ミカエルは、「天使の長のひとり」「民を守る大いなる君」「大天使」「天使軍団の総帥」「正義の天使」「裁きの天使」など、さまざまな呼ばれ方をしてきた。ギリシア教父はミカエルを全天使の長としたが、トマス・アクィナスは最下級の天使長の一人とするなど、同じキリスト教世界のなかでもその位置づけには若干の違いがある。だが、彼を特徴付ける要素の一つとして、積極的に戦いを挑む、という点はほぼ一致している。

もう一人、聖ゲオルギウスも、美術作品では、甲冑をまとい、剣を手にして竜と戦っている若い騎士の姿で描かれることが多い。彼はカッパドキア出身の軍人で、四世紀初頭に殉教したと言われている。彼の生涯については、後に多くの伝承、伝説が付け加えられていったので、歴史的実像はほとんどわからない。伝説のうち最も有名なのは、ゲオルギウスが悪い竜を勇敢に退治し、それによって王の娘を助けたことで、その国の人々をキリスト教に改宗させたというものである。この竜退治は、ギリシア神話のある物語のキリスト教的パロディであるとも考えられている。

大規模なキリスト教徒迫害が行われ、やがてゲオルギウスも捕まったが、彼は堂々と異教の神々を拝むことを拒否した。ゲオルギウスは町中を引き回された後に斬首されることになったが、そのときも彼は泰然自若としていたとされている。キリスト教的正戦論の先駆けとされるアンブロシウスも、この聖ゲオルギウスのことを「キリストの勇敢な戦士」「高名な神の戦士」と呼んだのである。

聖ゲオルギウスは、十字軍の時代にはドイツ騎士団の守護者とされ、その後も幅広く崇敬されて現在にいたっている。ゲオルギウスという名前には「耕す」という意味もあるので、農民を保護する聖人ともされたが、何より、騎士、傭兵、鉄砲鍛冶《かじ》、甲冑師、馬具師などを保護する聖人として崇敬されてきた。

相手は悪魔であったり竜であったりはするが、大天使聖ミカエルにおいても聖ゲオルギウスにおいても、相手がとにかく「悪」であるとなれば、剣を手にして勇猛果敢に戦うのである。そこには、敵対する相手とどうにか「話し合い」で解決しようとしたり、武力衝突をなんとか回避しようとしたりする平和主義的な様子などはまったくない。悪については、ただ徹底的に殲滅するのみなのである。

新約聖書には、暴力の否定、復讐の否定、そして怒りの感情を抱くことに対してさえも否定的な文章がある。しかし、それにもかかわらず、実際のキリスト教的伝承においては、初期の頃から、悪に対しては武器を持って戦うのが当然のこととして描かれてきた。そうした姿勢がキリスト教信仰と矛盾していると考えられることは、ほとんどなかったのである。

「軍人の使命感は牧師の召命感と同じ」

一六四八年のウェストファリア条約以降、宗教の名による戦争は抑制されるようになったが、宗教としてのキリスト教そのものが修正・改良されたわけではない。聖職者と戦士とを似たものとして捉える見方は、決してヨーロッパ中世における一時的な流行として消え去るものではなかった。もちろんかつてとは程度が異なるが、いちおう現代においてもキリスト教と軍事とが密接に関わりうることを示す例として、アメリカに目を向けてみよう。周知の通り、アメリカはキリスト教の色彩が濃厚な社会である。国教はなく、信教の自由も保障されており、さまざまな宗教の信者がいる。最近は「キリスト教離れ」が進んでいるとも言われているが、それでも、総人口に対するキリスト教徒の割合は、七五パーセントとも八〇パーセントとも言われている。

一方で、アメリカは極めて大規模な軍隊を保有する国の一つでもある。空母、戦闘機、潜水艦、ミサイル、軍事衛星など、その装備の質は他国を圧倒しており、これまで多くの戦争や軍事介入を繰り返してきた。人類史上初めて核兵器を使って民間人を大量虐殺したのも、アメリカである。

もちろんアメリカのキリスト教は、決してキリスト教そのものを代表するわけではない。何を基準に考えるかにもよるが、キリスト教はアメリカという国において、独特なスタイルで発展したと表現する研究者もいる。だが、それでもそれは依然として愛と平和を祈るキリスト教であることに変わりはないはずである。

アメリカでは、しばしば大統領の信仰が関心や議論の対象とされることはよく知られている。大統領の信仰は、大統領に対する信頼の根拠となりうるのだ。篤《あつ》い信仰をもっていれば、神が必ずその人を正しい政策へ導く、と考える人々が多いからである。大統領は、「アメリカ軍最高司令官」でもあることを考えれば、彼らのキリスト教信仰は注目に値するものであろう。

まずは、第三四代大統領、ドワイト・D・アイゼンハワーを挙げよう。パットン将軍などと同時期に戦争に参加し、後に大統領となったアイゼンハワーは、陸軍士官学校出身で、いわゆる「史上最大の作戦」であるノルマンディ上陸作戦において総指揮を執った生粋の軍人である。アイゼンハワーの家は信仰熱心なドイツ系移民にルーツをもち、彼自身も信仰と規律、禁欲と労働を重んじる家庭環境のなかで育てられた。子供の頃から、毎朝学校へ行く前に、必ず聖書の数節を読み、日曜の礼拝も欠かさなかったという。

アイゼンハワーは大統領になってからも、礼拝出席頻度は歴代大統領のなかでもトップクラスで、また彼は大統領就任式の際の祈禱文を自分で書いた最初の大統領でもあった。彼は広島・長崎への原爆投下に反対した数少ない軍人の一人でもあったが、それは戦略上不要であるばかりか、キリスト教道徳にも反すると考えていたからだったようである。

そんなアイゼンハワーは、栗林輝夫《くりばやしてるお》の『アメリカ大統領の信仰と政治――ワシントンからオバマまで』(キリスト新聞社)によれば、全米キリスト教協議会の指導者との懇談の席上で、「軍人の使命感は牧師の召命感と同じ」と前置きをして、自分は長いあいだ軍人として生きてきたが、軍人の職務を牧師に等しい義務感をもってやってきた、という趣旨のことを述べたのである。

それは少々奇異な発言のように思われるかもしれないが、すでに見てきた中世のキリスト教的伝統などを踏まえるならば、軍人と牧師とを重ね合わせて考えるアイゼンハワーのセンスは、決しておかしなものではないのである。

アイゼンハワーの次の大統領は、唯一のローマ・カトリックの大統領、ジョン・F・ケネディである。ケネディも元軍人であった。彼は第二次大戦時、海軍士官として哨戒《しょうかい》魚雷艇PT一〇九に乗り、ソロモン諸島沖で日本の駆逐艦「天霧《あまぎり》」と衝突して、海に放り出されるという経験もしている。

ケネディのカトリック信仰はさほど熱心なものではなかったようだが、アメリカでは保守・リベラルを問わずプロテスタントの影響力が圧倒的に強いため、選挙戦では、対立する陣営は、ケネディがカトリックであることをネガティブに評価する戦略をとった。そのためケネディとしては、自らのカトリック信仰は大統領としての仕事と直接関係するものではないと明言することを迫られ、また大統領になってからも、信仰が政策決定に影響するものではないことを繰り返し弁明することになったのである。

元俳優で、第四〇代大統領のロナルド・レーガンは、第二次大戦時、軍隊でプロパガンダ映画や軍事教練用映画の制作に関わっていた。レーガン自身はディサイプル派というプロテスタントの教会で少年時代に洗礼を受けているが、戦争中は『神と国とのために』というタイトルの陸軍宣伝映画に、カトリックの従軍チャプレン役として出演したこともある。

栗林輝夫によれば、レーガンの強固な反共主義には十字軍的な聖戦思想すら垣間見られたにもかかわらず、彼の礼拝出席回数は歴代大統領のなかでワーストに近いという。それでもレーガンは、ソ連は「悪の帝国」であり、共産主義との戦いは、究極的にはミサイルや核兵器によってではなく「霊的な戦い」によって勝敗が決まるのだと公言していた。キリスト教関係の集会でも、レーガンは、世界に共産主義という悪があるかぎり、聖書とイエスを信じる者は持てる限りの力でもって対抗せねばならない、と叫んだのである。

ジョージ・W・ブッシュの回心

第四三代大統領のジョージ・W・ブッシュも、イラン、イラク、北朝鮮を「悪の枢軸」と呼んだ。「テロとの戦い」でブッシュは世界に対して、アメリカの側につくか敵の側につくか、と迫ったが、こうした言葉や思考には彼の信仰が影響を与えている。

ブッシュは四〇歳の頃、キリスト教的な「回心」を経験し、それが人生の転機になったというのはよく知られたエピソードである。それまで彼の人生は躓《つまず》きの多いもので、酒浸りの日々を送っていたが、ある宣教師のラジオ説教に感銘を受け、また著名な伝道者であるビリー・グラハムとの出会いを通して酒を断ち、人生の再出発をしたという。ブッシュは後にも、自らの回心体験を繰り返し語るようになった。

二〇〇〇年の大統領選挙では、ブッシュは自らを聖書における「放蕩《ほうとう》息子」の譬えに重ねて語ってみせた。かつては誤った道を進んでいたことをあえて語ることで、今は神のもとにいるということ、つまり自分の政策は正しいのだということを表現しようとしたのである。さらに、どの政治家が好きか、という質問に対しても「イエスだ」と答えたことで、福音派の人々の支持を広く得たと言われている。

こうしたブッシュの信仰的態度は、アメリカでは決して珍しいものではない。ブッシュはアカデミックな神学にはほとんど興味がなく、その信仰は知的に洗練されたものではなかった。だが、それでも彼が信仰熱心なことについて多くの人は好感を抱いたのである。二〇〇一年九月一一日の同時多発テロ以後、ブッシュはアフガニスタンに軍隊を派遣し、二〇〇三年にはイラク戦争に踏み切る。ブッシュが「イラクの自由作戦」の発動に何の躊躇もなかったとは言い切れないだろうが、しかし現にそれが実行された以上、戦争という殺人と破壊の行為が、信仰的にも正当化されたと考えざるをえない。

ブッシュは自らの回心体験を繰り返し語ったと述べたが、「回心」が重視されるのはアメリカのキリスト教文化における大きな特徴の一つでもある。

一七世紀初頭にピューリタンたちが植民地建設を行い、基本的には敬虔な信仰に基づく社会形成を目指した。だが、時代がたつにつれて人々の信仰心は薄まっていき、教会の存続さえ危ぶまれるようになっていった。そこで一八世紀前半から、牧師たちによって信仰を再度復興させようとする運動が始められた。彼らは各地で伝道集会を開き、神の怒りや最後の審判を説き、人々に回心を迫り、それによって多くの人が信仰を新たにしたのである。

重要なのは、この信仰復興運動は狭い意味での宗教の問題にとどまるものではなかった、という点である。というのも、それまで人々は、各植民地や出身地ごとにそれぞれのアイデンティティをもっていたが、信仰復興運動によって説教者たちは植民地全土を巡回し、地域や民族や教派をこえた運動をしたので、それぞれをつなぐ連帯意識を生み出し、やがては「アメリカ人」という新しいアイデンティティをもたせることにもつながっていったからである。したがって、これは宗教の問題でありつつも、同時に政治的な意義や効果をもった出来事だったとも言える。

「回心」とは、今まで冷めていた宗教心が劇的に覚醒することで、「ボーン・アゲイン」（新たに生まれ直す）とも表現される。アメリカのキリスト教では、伝統的にこうした回心の体験を重視する傾向が生まれて、現在にいたっている。ブッシュも、酒浸りの生活から聖書研究会の仲間やビリー・グラハムとの出会いをとおして「ボーン・アゲイン」したキリスト教徒の一人なのである。

回心の体験が重視されるという傾向は、従軍チャプレン制度を支えている背景にも見出すことができるかもしれない。アメリカの各軍におけるチャプレン科のウェブサイトを見ると、しばしばチャプレンが兵士に洗礼を授けている写真が掲載されている。なかには、イラクのアメリカ軍キャンプで、強い日差しの中で行われている洗礼式の様子や、空母の航空機格納庫で戦闘機を背景に、JDAM（精密誘導爆弾）を保管する箱に水を入れて洗礼式が執り行われている様子を撮った写真などもある。

軍隊は特殊な社会であり、生活にはストレスや不安もある。そして若者が多い。したがって、チャプレンのみならず多くの国民は、軍隊のチャプレン制度を、人々を新たに信仰に導き、回心を迫るのにちょうどよい仕組みであるとも考えているがゆえに、それを許容しているのではないかとも推測される。

初代大統領ワシントン以来の関係

さて、大統領とキリスト教信仰の密接な関係は、近年になって強まったというわけではなく、最初期から一貫している。独立戦争で大陸軍の総司令官をつとめ、初代大統領となったジョージ・ワシントンもまた、基本的には宗教の意義をよく認識していた。軍人時代、ワシントンは非番の兵士たちにも礼拝への出席を義務付けたほどであった。チャプレン制度がアメリカ軍でいちはやく誕生した裏には、ワシントンの意向も大きかったのである。

大統領としてのワシントンについては、キリスト教徒の鑑《かがみ》、模範的なクリスチャン政治家、という評価がある一方で、実際にはたいした信仰をもっていたわけではない、とする研究者もいる。ワシントンは伝統的な聖書の言葉をそのまま用いるよりは、宇宙に働いている漠然とした大きな力を「摂理」と呼んでそれに祈ることが多かった。「父なる神」とか「救い主イエス・キリスト」ではなく、「至高なる存在」「大いなる統治」といった普遍的な言葉に置き換えることが多く、彼のキリスト教は、神のみの神性と唯一性を主張する、いわゆるユニテリアンの信仰だったとも言われている。だがいずれにしても、ワシントンは愛国主義とキリスト教が融合した「アメリカ教」を具現した最初の人物であり、彼のなかでも信仰と軍事行動は必ずしも矛盾するものではなかったのである。

大統領たちのキリスト教信仰は多様であり、全員を十把《じっぱ》一絡《ひとから》げに論じることはできない。だが、アメリカで積極的に無神論者であることをアピールする者が大統領に当選することは、現実にはまずありえない。時代や社会状況によって統計は変化するが、現在の大まかな数字でも、アメリカ国民の約七五パーセントはキリスト教徒であり、神の存在や死後の世界を信じ、宗教的価値観を重視している。自分は「無宗教」だと答える人は全体の一五パーセントほどであり、宗教への関心は総じて高い。世界一のハイテク装備を用いた戦争・軍事も、そうした人々によって営まれているのであり、特にその軍の最高司令官には「信仰」が不可欠なのである。

第六章

日本のキリスト教徒と戦争

内村鑑三の説く「軍人の信仰」

ざっと見てきたように、西洋のキリスト教的伝統において、「信仰」と広義の「軍事」とのあいだには、連続性や類似性を確認することができる。信仰生活のなかに、当然のように「戦い」のイメージが織り込まれていることもあるのであった。

だが、キリスト教文化といっても時代や地域によってさまざまである。軍事に親和的であるのは、特定の地域における一時期の傾向に過ぎないのではないか、と思われるかもしれない。そこで、ここでは日本に目を向けてみたい。

例えば、細かな背景やニュアンスは欧米のそれとは異なるものの、日本のキリスト教的平和主義者の代表的人物である内村鑑三《うちむらかんぞう》(一八六一―一九三〇)も、「軍人の信仰」というエッセーで、軍人的気質とキリスト教信仰との親和性について論じているのである。

内村は新約聖書に出てくる信仰深い百人隊長などを挙げ、彼らを「福音の保護者」と呼んでいる。そのうえで、「イエスは軍人を愛し、軍人はイエスを愛した」と言い、「異邦の軍人に、まれに見る篤き信仰があった」としているのである。さらに、キリスト教信仰は「戦闘の一種」であり、闘志なき者には維持することのできないものであるとさえ主張しているのは興味深い。彼は次のようにも言う。

イエスは平和の君であるが、その部下として忠実なる軍人を求めたもう。そして軍人が福音の戦士と化せし時に、最も有力なる平和の使者となるのである。

（『内村鑑三聖書注解全集』第一五巻、教文館）

なぜ内村はこのように考えるのかというと、彼によれば、キリスト教の「福音」は難解な哲学的議論などではなく、簡単明瞭《めいりょう》なものであり、その多くは命令によって行われるものだからである。命令に対して、いちいち「なにゆえに」と問い返すようなものではない。「君命これ従うのほか何事をも知らざる心をもってイエスに臨んでこそ、彼がまことに神の子、人類の王、わが全身をささげて誤らざる者であることが判明する」のだとも言う。内村は、日本の「武士道」はキリスト教の福音を接《つ》ぎ木するのに最もよい台木であり、武士道の衰退はキリスト教信仰にとっても嘆かわしいことであるとも述べているのである。

もちろん内村の武士道論については慎重な理解が必要であり、日本の武士と現代の軍人とをパラレルに捉えられるかどうかについても検討が必要であろう。また、彼が「軍人」の性格として意識しているのは、軍人の「戦う」という部分よりも、「服従する」という点だと思われる。だがいずれにしても、平和主義者である内村がキリスト再臨信仰に基づいて主張した「非戦論」が、武士や軍人、軍人気質に対するシンパシーとも共存するものだったことは、注目に値するであろう。

内村は、個人的にも軍人たちと親しく交流をしており、観兵式参加のために上京した重砲兵五名を自宅に泊めたこともある。また、戦争とは「天災の一種」であるとも述べており、戦時に召集された兵士を慰め励ますことそれ自体は、決して平和主義と矛盾するものではないと考えていたのである。

キリスト教伝来

日本におけるキリスト教の歴史そのものも、軍人や武士といった戦争にたずさわる人々と決して無関係ではなかった。

初めてキリスト教と接触した日本人が誰であり、またいつであるのかについては諸説ある。だが一般には、一五四九年にカトリックの宣教師フランシスコ・ザビエルが鹿児島に上陸したことをもってして、日本へのキリスト教伝来とされている。

偶然にもザビエルがやってきたのは八月一五日であり、日本は約四〇〇年後のその日に、三一〇万人の死者を出した戦争を終えたのであった。また、種子島《たねがしま》に鉄砲が伝わったのは、ザビエルがやって来る六年前の一五四三年とされているので、皮肉にも「愛の教え」と「新兵器」は、ほぼ同時期に日本にやってきたことになる。

ザビエルはイエズス会に属しており、その創設の中心人物イグナチオ・デ・ロヨラは、かつては勇猛果敢な軍人であった。イグナチオは、「パンプローナの戦い」で敵にも称賛される戦いぶりを見せ、砲弾を受けて左右の足の長さが変わってしまったと伝えられるほどの大怪我を負い、その療養中に回心したのである。後に彼を中心に設立されたイエズス会は、鉄の規律をもち、厳しい忠誠を求めたわけだが、未開地を含めた世界中のいたるところに派遣されたその宣教師たちに、軍人的なメンタリティを見出すことも決して唐突ではない。

日本では高山右近《たかやまうこん》や黒田官兵衛《くろだかんべえ》など、いわゆるキリシタン大名と呼ばれる者がいたこともよく知られている。軍事や軍人と関わり、同時にキリスト教信仰をもつということは、日本でも珍しいものではない。一六三七年の「島原《しまばら》の乱」も、単なる美しい殉教の話ではない。キリシタンの側も人々に武力で改宗を強制し、寺院を破壊し、罪のない僧侶を処刑したのである。

徳川幕府は禁教政策を続け、一六三九年以降はいわゆる「鎖国」となり、それ以後日本のキリスト教は二〇〇年以上にわたる空白期間となる。一八五四年にようやく開国し、やがて長崎に大浦天主堂《おおうらてんしゅどう》が完成すると、それまでひっそりと信仰を守り続けてきたキリシタンたちが名乗り出てきた。それは長期間の禁教と迫害を耐え忍んできた世界的にも大変珍しいケースであり、信仰の奇跡として各国に大きな反響を呼んだ。

黒船に乗ってやってきたマシュー・ペリーは、言うまでもなく海軍の高級士官である。彼は、英国教会の流れをくむ聖公会の信者であった。ペリーが二度目に来航した一八五四年、彼の部下の一人が脳の病気で亡くなり、その葬儀は増徳院《ぞうとくいん》という寺の境内で行われた。二〇〇人以上の日本人が、それまで国内で公にはなかったキリスト教の儀式を事実上初めて目撃したのだが、その際の司式をしたのは、ペリー艦隊の従軍チャプレンであった。彼が葬送式を行っている横で、増徳院の僧侶も読経をして兵士の死を悼んでいたことが航海日誌にも記されている。

ペリーから約一〇〇年後、同じく日本にやってきたアメリカの軍人、GHQ最高司令官ダグラス・マッカーサーも、プロテスタントの一人として、日本人にキリスト教を広めることに大変熱心な軍人キリスト教徒だったのである。

「福音は軍人によりて伝えられ……」

日本で最初にプロテスタントの洗礼を受けたうちの一人は、村田若狭《むらたわかさ》という武士であった。日本でプロテスタントは、一九世紀後半から札幌、横浜、熊本を中心に広まっていった。それぞれは、札幌バンド、横浜バンド、熊本バンド、と呼ばれるようになった。最初のプロテスタント教会である「日本基督公会」は一八七二年に設立されている。

内村鑑三は、イエズス会のイグナチオのことを「軍人が宣教師に化した者」であると言い、似た者として他にも幾人かを挙げている。例えば、内村は英国の説教師で日本のキリスト教徒に大きな影響を与えたフレデリック・W・ロバートソンを挙げ、彼は陸軍砲兵士官の息子で、軍人の精神をもってキリストに仕えた者であったとしている。

また、熊本バンドの礎を築いたリロイ・ジェーンズは、陸軍士官学校の出身者で、南北戦争時は大砲を扱う部隊で任務に就いていた人物である。「少年よ、大志を抱け」の言葉で知られる札幌バンドのW・S・クラークは、多くの日本人青年をキリスト教信仰に導いたが、彼もかつては南北戦争で戦った軍人であった。近代日本のキリスト教界に影響力をもった人物のうち、内村自身も含めて、他にも新渡戸稲造《にとべいなぞう》、新島襄《にいじまじょう》、本多庸一《ほんだよういつ》、海老名弾正《えびなだんじょう》らは、いずれも武士の家系に生まれた者であった。

真珠湾攻撃で指揮をとり、機上で「トトト…」（全軍突撃セヨ）や「トラトラトラ」（ワレ奇襲ニ成功セリ）を打電した空母「赤城《あかぎ》」飛行隊長の淵田美津雄《ふちだみつお》も、戦後はキリスト教の伝道者となり、幾度もアメリカへ伝道旅行に行っている。三浦綾子《みうらあやこ》の小説『ちいろば先生物語』で知られる榎本保郎《えのもとやすろう》も、軍隊経験をへて牧師になった人物である。彼ら以外にも、元日本軍人で戦後に牧師や司祭になった者は少なくないし、現在の自衛隊にもキリスト教徒はいる。

内村は、感化力の極めて大きかった福音伝道者には、軍人、元軍人、あるいは軍人的精神の持ち主が多いと述べているが、以上のような例を見ていくと、そうした言い方も必ずしも誇張とは言えないように思われる。キリスト教信仰を「戦闘の一種」であるとさえ言う内村によれば、「日本にあっても、福音は軍人によりて伝えられ、軍人によりて受けられた」のである。

もちろん、決して軍務経験こそが立派なキリスト教徒になる最大の条件だというわけではない。だが、日本においてさえ、信仰と軍人的精神とのつながりを指摘する例はあるのだ。祈る人と戦う人を似た者たちであるとし、キリスト教信仰をある種の「戦い」として捉えるセンスは、特定の時代や一部の社会での流行ではなく、この宗教文化ではしばしばありうるものなのである。

軍人に対する伝道

現在の日本のキリスト教徒数は、総人口の約〇・八パーセントという圧倒的な少数派である。だが、これまでキリスト教は、日本社会のあり方にさまざまな影響を与えてきた。日本各地に建てられたキリスト教主義の学校、そしてキリスト教徒の教師により、それまで軽視されがちであった女子教育が推進された。また廃娼《はいしょう》運動、ハンセン病患者の救済、児童福祉、労働者の権利を守る運動など、幅広く社会事業にも取り組まれていった。日本初の公害とされる足尾銅山《あしおどうざん》鉱毒事件に立ち上がった田中正造《たなかしょうぞう》（一八四一―一九一三）も、聖書の教えの実践としてそれをしたのであった。では、日本の軍隊とキリスト教は、どのような関係にあったのだろうか。

あまり知られていないが、かつては日本軍の内部でもキリスト教伝道がなされていたのである。旧日本軍と言えば、「敵国の宗教」であるキリスト教には不寛容で、クリスチャンの兵士は上官たちから虐められていたというイメージがあるかもしれない。近代的軍隊をつくり、日清戦争と日露戦争に勝利して、急速に西洋文化を取り入れていた時期だからこそ、かえってその反動として、軍隊では「日本的精神」が強く意識されるようになっていたからである。

確かに、軍内部ではキリスト教に対する無知と偏見があり、「キリスト教は軍人には向かない」という否定的感情も根強かったようである。上官から、「貴様たちの中でヤソの教会に行っている者は一歩前に出ろ」と言われ、「キリスト教は日本の国体に相容《あいい》れない宗教だ、そんなところに行くのはもっての外だ」としてひどく殴られることもあった、というクリスチャンの元軍人による回想録もある。

だが、細かく状況を見ていくと、日本軍とキリスト教の関係は、単純に肯定か否定かで二分できるようなものではなかったこともわかってくる。軍は全面的にキリスト教に不寛容だったわけではない。またクリスチャンの側も、軍隊は戦争をする組織であるがゆえにキリスト教の教えに反するとして、まったく宣教の対象に入れなかったわけでもないのである。牧師や宣教師、一般信者のなかには、「軍隊」という特殊な環境で生きている将兵たちのために宣教し、戦争の肯定などではなく、ただ人間としての彼らの日常を信仰面から支えようとした人たちも少なくなかった。

海軍兵学寮(後の海軍兵学校)で英語教官をしていた粟津高明《あわづたかあき》は、一八七四年頃から一八八〇年まで、毎週日曜に兵学寮の食堂に生徒有志をあつめ、キリスト教の講義をしていた。また、自宅に塾を設け、数名の寄宿生も受け入れていた。そのなかには、同じく海軍兵学校の教官をつとめて、後に牧師になった人物もいる。

エステラ・フィンチ――日本に帰化した女性宣教師

アメリカ人宣教師エステラ・フィンチと日本人牧師の黒田惟信《くろだこれのぶ》による「陸海軍人伝道義会」も、積極的に軍人に対するキリスト教伝道を行ったことで知られている。エステラ・フィンチはウィスコンシン生まれの女性で、二四歳の時に超教派の宣教師として来日した。やがて横須賀で牧師をしていた黒田と知り合い、彼の「軍人には軍人の教会が必要だ」という考えに賛同して、一八九九年からともに軍人伝道を行い、それに生涯をささげた。

フィンチは一九〇九年に日本に帰化し、名前を「星田光代《ほしだみつよ》」と改めた。星田は内村鑑三とも親しく交流し、星田と内村の両グループによる会合も開かれるほどであった。内村の日記には、何度も「星田」あるいは「フィンチ」の名が挙げられており、彼女に対する評価は一貫して高く、「敬うべき主の清き使女《つかいめ》」とまで言うほどであった。

世界の多くの軍隊には、軍隊専属の聖職者である従軍チャプレン制度があることについてはすでに序章で触れた。日本軍でも、将兵を宗教的に支えることの必要性は十分認識されており、僧侶や牧師が軍の許可を得て、将兵のもとに足を運ぶことはあった。日清戦争の頃は、軍のなかで活動する牧師には「慰問使《いもんし》」という肩書が与えられていた。キリスト教界の側からの軍への積極的なアプローチもあり、例えば日本基督教青年会同盟（YMCA）は軍の承認を得て「兵士慰問隊」を組織したこともあった。

学生時代に星田（フィンチ）と出会った十時菊子《ととききくこ》は、卒業すると私立学校の教員となり、同時に星田の個人伝道を助けた。また彼女は呉《くれ》に「呉海軍軍人ホーム」を開設し、著名な牧師である植村正久《うえむらまさひさ》や、女子教育に尽力し日本キリスト教婦人矯風《きょうふう》会の初代会頭にもなった矢嶋楫子《やじまかじこ》の理解と協力も得ている。

一九二三年にそのホーム創立一五周年を迎えた時は、当時の呉鎮守府《ちんじゅふ》司令長官で後に内閣総理大臣になる鈴木貫太郎《すずきかんたろう》を含む多くの軍民有志がそれを祝った。さらに、植村正久による応援伝道として、呉海兵団講堂で講演が行われた。これは海軍内部で公然となされたキリスト教講演の嚆矢《こうし》だったとされている。

陸海軍人伝道義会の会員だった山中朋二郎《やまなかともじろう》によれば、一九一二年の海軍機関学校の卒業式には星田も来賓として招かれた。軍の学校行事に、外国出身の、しかもキリスト教の女性宣教師が招かれたということは、山中でさえ驚きであったという。

「コルネリオ会」の誕生

第一次大戦で青島《チンタオ》攻囲戦にも参加した利岡中和という人物がいる。彼は青年時すでにキリスト教徒になっていたが、陸軍委託生として東大経済学部に派遣されたときにあらためて信仰の立ち直りを経験して、軍を辞め、以後は軍人伝道に身をささげた。第二次大戦では再び召集令状が届き、入隊して大連に渡るが、戦後は再び伝道活動をしている。利岡のグループは、新約聖書「使徒言行録」に出てくる信仰深い軍人コルネリウスの名をとって「コルネリオ会」と称し、その名称は、一九五九年に結成された自衛隊のキリスト教徒サークルにも引き継がれている。

陸海空自衛隊員およびその家族や関係者からなる「コルネリオ会」も、その活動は国際的な規模で行われている。彼らは世界各国の軍隊にある「軍人キリスト者会」の日本版として、アメリカ、イギリス、韓国など、他国軍の「軍人キリスト者会」のメンバーと深い交流を重ねている。メンバーはこれまで何度も世界大会に参加し、また国内でアジア大会も開いている。六〇年代から八〇年代にかけては、軍事にたずさわることとキリスト教信仰とは相容れないとして、自衛官キリスト教徒に理不尽なほど冷淡な「平和主義者」の牧師もいた。だが現在では、彼らを積極的に支援する牧師たちも多くなっている。

軍人だからといって、すべての者が好戦的というわけではない。また、軍人伝道に関わっているからといって、戦争そのものを支持するわけでもない。大方の人々は、ただ素朴に、軍隊という特殊で困難な生活環境に生きる人たちの日常を思い、その個々人を支えることは大切だと考えていただけなのである。

良心的兵役拒否の例

軍人伝道が行われていた一方で、やはりキリスト教信仰ゆえに戦争に反対する者や、兵役を拒否する者たちも少なくなかった。日本陸海軍が設立されて間もない時から、すでにキリスト教的立場から非戦論を主張する者や、良心的兵役拒否をする者はいたのである。

日本で最初の良心的兵役拒否者は、牧師ではなく、まったく無名の若者で、セブンスデー・アドベンチストという教派に属していた青年、矢部喜好《やべきよし》であった。日露戦争の勃発により徴兵された矢部は、入隊の前夜に連隊長宅を訪れて、自分は徴兵を忌避する者ではないが、神の律法を厳守する立場ゆえ、敵を殺すことはできない、と申し出た。当時はそんなことを言い出す者はいなかったので、連隊長は怒るよりもむしろ呆気《あっけ》にとられたと言われている。結局矢部は、禁錮《きんこ》二ヶ月の処分となり、その後は上官たちの説得により、傷病兵の世話をする看護卒補充兵となり、戦後ようやく除隊となった。

矢部はその後、アメリカの大学で神学などを学び、帰国してからは琵琶湖《びわこ》周辺で伝道活動をした。そして平和運動のみならず、子供や女性の教育にも取り組み、またフィリピンに日本人教会を設立するなど、幅広い活動を行った。

明石真人《あかしまさと》や村本一生《むらもとかずお》も兵役拒否をした人物として知られている。彼らは日中戦争時「灯台社」（当時の「エホバの証人」日本支部、後に消滅）に属していた。明石は野砲第一連隊に入隊するが、初年兵として一週間ほど過ぎた頃、班長であった軍曹のもとに行き、自分は「なんじ殺すなかれ」の教えを守りたいので銃をお返しする、と申し出た。村本も同じく銃の返上を申し出て、それぞれ陸軍刑務所に服役している。

いくら信仰をもっているとはいえ、実際に当時の社会状況で兵役拒否をするのは、大変なことであった。それは本人のみならず、家族や地域をも巻き込む問題だったからである。だが平和主義を掲げるキリスト教徒において、こうした態度や反応があること自体は、十分予想できるものであろう。しかし、戦争に対する信者たちの姿勢は、完全に否定的か肯定的かという二つにくっきりと分けられるものではない。戦争に対して決して肯定的ではなくても、結果として戦争に協力した、あるいは協力せざるをえなかったキリスト教徒たちも多かったのである。

戦時下の苦慮、戦後への影響

キリスト教は、地理区分としては西アジアで生まれた宗教であるが、近現代日本におけるキリスト教伝道は、多くがアメリカ人やヨーロッパ人の宣教師によってなされてきた。

一九世紀初頭にイギリスで、誰もが廉価で聖書を入手できるようにすることを目的とした「聖書協会」が立ち上げられ、日本でも一九三七年に「日本聖書協会」が設立された。キリスト教は教典宗教なので、宣教においては、聖書そのものの翻訳と普及に関して有効な手を打つことが最も重要となる。日本における聖書普及も、イギリスとアメリカの協力によるところが大きかったのである。

日本におけるキリスト教の発展は、実際には当時政治的・軍事的に対立していたアメリカやイギリスの関与が強いものだったという事実と、キリスト教文化そのものに対する無知と偏見があいまって、次第に「キリスト教は日本の国体に相容れない宗教だ」と見なされるようになっていった。そうした蔑視や冷遇に対応するために、キリスト教徒のあいだでは「日本的なキリスト教」を模索する動きさえあったのである。

一九三九年に、日本政府は宗教統制のために「宗教団体法」を公布した。これによってローマ・カトリック教会は日本天主公教教団と改称して国家統制下におかれ、プロテスタント三四派は日本基督教団として合同することになり、それぞれ一九四一年に認可された。同年には基督教報国団（後に戦時報国会に改組）が結成され、さらに「宗教報国」「大東亜戦争の目的完遂」「日本基督教の確立」を旨とする戦時布教方針が全教会に伝えられ、「日本基督教団決戦態勢宣言」なども出された。また、日本基督教団の総会において、軍用機を献納する案が全会一致で承認されて、陸海軍にそれぞれ二機が献納されたこともあったのである。

礼拝には憲兵が監視に来ることも珍しくなく、礼拝のはじめに国歌斉唱や宮城遥拝《ようはい》がなされ、まるで軍歌のような賛美歌が作られたりもした。政府がホーリネスなど一部の教会や牧師を弾圧した際にも、日本のキリスト教会や牧師たちは、その弾圧を肯定し後押ししてしまったこともあった。要するに、戦時中の日本のキリスト教会は、総じて戦争に協力してしまったというのが実態なのである。

だが、信仰と現実のはざまで、キリスト教徒たちの間に、せめて自分たちが「非国民」ではないことを示そうとする思いが生じたことを一方的に責めるのも酷かもしれない。キリスト教界が、ひたすら一方的に軍部に迎合したというわけではない。今からすれば想像を絶する社会状況において、当時のキリスト教徒たちには大変厳しい圧力がかけられていたのである。

日本のキリスト教界の戦争協力は、アジア太平洋戦争から始まったわけではない。キリスト教界における指導者の一部は、日清戦争時から、積極的に軍隊慰問なども行っていた。本多庸一、植村正久、井深梶之助《いぶかかじのすけ》によって「清韓事件基督教同志会」が結成され、彼らは各地で遊説《ゆうぜい》した。そして本多は『軍人必携義勇論』などの冊子も配布して、信仰的立場から戦争の意義や軍人の心構えを説いた。日露戦争でも、本多庸一、小崎弘道《こざきひろみち》、海老名弾正らはそれを義戦と捉え、軍隊慰問使の派遣や募金促進に努めたのである。

アジア太平洋戦争が終わり、宗教団体法が廃止されて日本国憲法が公布されると、ようやく完全な形での信教の自由が認められるようになった。カトリック教会と日本ハリストス正教会は、ほぼ元の形に復興したが、日本基督教団に合同されていたプロテスタント諸派の対応は分かれた。一部は教団から分離し、他は引き続き日本基督教団にとどまる道を選んだ。

例えば、英国教会系の日本聖公会は復興し、長老派系の日本キリスト教会や、ルター派系の日本福音ルーテル教会、バプテスト系の日本バプテスト連盟、メソジスト系の日本ナザレン教団、救世軍などが、分離独立していった。だが今も、日本基督教団は国内最大のプロテスタント組織として存続している。

日本のキリスト教会による反省と謝罪

アジア太平洋戦争が終わって約二〇年がたった一九六七年のイースター（イエス・キリストの復活を祝う日）に、日本基督教団は、「第二次大戦下における日本基督教団の責任についての告白」（通称「戦責告白」）を発表した。

それは約一〇〇〇字の短い文章で、戦争の過ちを率直に認め、謝罪と反省の意を表明するものであった。だがそれは同時に、事実上の国の強制によって生まれた日本基督教団の設立そのものの問題にも言及するもので、それを支持する側と批判する側とのあいだで議論を巻き起こすものとなった。戦争責任を教団として謝罪することの意味について、また国策による教会の合同の意味を神学的にどう理解すべきかなど、論争の種を含むものだったからである。

この「戦責告白」は、本文によれば、「教団成立とそれにつづく戦時下に、教団の名において犯したあやまちを、今一度改めて自覚し、主のあわれみと隣人のゆるしを請い求めるもの」だという。キリスト教の教えに従うならば、教会は決してあの戦争に同調すべきではなかったのに、実際には教団の名において戦争を是認し、支持し、その勝利のために祈ってしまった。そうした「罪を懺悔《ざんげ》」し、「主にゆるしを願う」とともに、「世界の、ことにアジアの諸国、そこにある教会と兄弟姉妹、またわが国の同胞にこころからのゆるしを請う次第」であるとも書かれている。

そして、今日多くの問題をはらむ世界のなかにあって、現在の日本も再び憂慮すべき方向にむかっているとして「教団がふたたびそのあやまちをくり返すことなく、日本と世界に負っている使命を正しく果たすことができるように、主の助けと導きを祈り求めつつ、明日にむかっての決意を表明するものであります」と結ばれている。

日本基督教団は、戦後七〇年にあたる二〇一五年にも、「戦後七〇年にあたって平和を求める祈り」を発表した。また、同年の「在日大韓基督教会・日本基督教団平和メッセージ」

では、韓国や中国への侵略と植民地化政策を謝罪するとともに、安全保障関連法案への反対や、米軍普天間飛行場の辺野古《へのこ》への移設に対する反対などを表明した。

もう一つ、プロテスタントの一派として、聖公会がある。これは離婚で有名なヘンリー八世による英国教会の流れをくむプロテスタントの教派である。黒船のマシュー・ペリーや、日米修好通商条約のタウンセンド・ハリスなどが米国聖公会の信者であったことでも知られており、一説によればダグラス・マッカーサーもそうであったと言われている。これはカトリック的な要素を残している教派なので、プロテスタントとカトリックの「中道」的な位置にあると認識されることもある。日本では、立教大学、聖路加国際大学、桃山学院大学、神戸国際大学などが、日本聖公会の系列校である。

この日本聖公会も、一九九六年に「日本聖公会の戦争責任に関する宣言」を公にした。それは「日本聖公会は、戦後五〇年を経た今、戦前、戦中に日本国家による植民地支配と侵略戦争を支持・黙認した責任を認め、その罪を告白します」という文章で始まる。日本聖公会はアメリカ、イギリス、カナダなどの聖公会とつながりをもつがゆえに、官憲の圧迫を受けたことも事実である。だが戦争の「加害者」として目を開くことはできず、「支那事変特別祈願式」や「大東亜戦争特別祈禱」などを行っていた。そして戦後もしばらくのあいだ、祈禱書に「天皇のため」の祈禱文を掲載し続けるなど、「天皇やその国家体制を肯定する祈禱書を用い続け、自らの姿勢を自覚的に正すことを怠ってきました」と告白している。

このように、「天皇」の問題に加え、沖縄での「住民虐殺」「強制集団自決」そして「米軍基地の脅威」など、短い文章にもかかわらず、かなり具体的な事柄にも触れている点が、日本基督教団の「戦責告白」との違いとして挙げられる点である。

日本聖公会は、その後も原発問題を含むさまざまな社会問題に抗議や反対の声明を出している。二〇〇五年には小泉純一郎《こいずみじゅんいちろう》総理の靖国参拝に対する抗議、二〇一二年には沖縄米軍基地へのオスプレイ配備に対する反対の声明も出している。二〇一五年には、「安全保障関連法案に反対する緊急声明」や「戦後七〇年に当たって」などが出されて、特定秘密保護法や集団的自衛権の行使容認、憲法改定への動きなどに対する懸念を表明している。

カトリック教会（日本カトリック司教団）も、戦後五〇年にあたる一九九五年、「平和への決意——戦後五十年にあたって」という平易な文章からなる一〇頁ほどの文書を発表している。

この文書のなかでは、一九八六年のアジア司教協議会連盟総会における、日本カトリック司教協議会会長白柳誠一《しらやなぎせいいち》大司教の言葉が引用され、「わたしたち日本の司教は、日本人としても、日本の教会の一員としても、日本が第二次世界大戦中にもたらした悲劇について、神とアジア・太平洋地域の兄弟たちにゆるしを願うものであります。わたしたちは、この戦争にかかわったものとして、アジア・太平洋地域の二千万を超える人々の死に責任をもっています」と書かれている。

そう述べたうえで、自分たちは加害者であったという事実を認めて謝罪するのであり、人々に負わせた傷を償っていくという責任は、「新しい世代の日本人にも引き継がれていかなければならないものであることも、ここで新たに強調したい」としている。また、戦後五〇年のあいだに経済的には豊かな社会を築き上げることができたが、その発展の裏には真の平和を脅かす「さまざまな非福音的なもの」が潜んでいることも見えてきたという。そこで、「わたしたちカトリック信者には、それを識別し、預言者的な役割を果たしていく重い責任があります」とも述べられている。

戦後七〇年の声明については、第一章ですでに触れた通りである。その文章でも、戦後五〇年目の声明とほぼ同様に、日本の歴史認識をはじめとするいくつかの具体的問題に言及している。しかし、バチカンの文書にあるような、正戦論や正当防衛をめぐる議論については一切触れられていないというのは、逆に興味深い点だと言えるかもしれない。

戦争、政治へのそれぞれの態度

ざっと以上のように、日本の主な教派がアジア太平洋戦争について反省と謝罪を表明しようと奮闘していることそれ自体は、評価すべきであろう。ただし、なかにはところどころに曖昧な表現もあり、それぞれにおいて述べられている「責任」の意味や、今後の教会がとるべき具体的な道筋などについて不明確なところもあるなど、疑問点もないわけではない。現在と未来の平和を求めるならば、七〇年前の戦争だけでなく、今現在の戦争・軍事状況にも言及してしかるべきだが、そうした内容には総じて乏しい。

歴史が浅く、信者数もいっこうに増えない日本のキリスト教界でさえも、戦争に対する態度は実にさまざまである。断固として戦争に反対する思想家もいれば、この戦争だけはやむをえないとして協力する牧師もいた。命をかけて兵役を拒否する若者、戦争は悪だと知りつつも生涯最後の体験である戦闘に何らかの意味を見出して死のうと苦悩するクリスチャン兵士もいた。戦争の是非とは関係なく、ただ軍隊という特殊な社会で生きている人々を支えようと伝道する宣教師もいた。戦後も「大東亜戦争」は正しい戦いだったと主張する牧師もいれば、戦争を体験してはいないけれども謝罪と反省に熱心な信者もいる。

現在の日本各地のキリスト教会は、憲法九条、靖国問題、沖縄基地問題、自衛隊問題、「慰安婦」問題など、しばしば具体的諸問題にも活発に意見を発信している。見てきたように、教派単位で声明文を作成し、総理大臣に抗議文を提出することも珍しくない。現在の日本のキリスト教界の大勢は、憲法九条に肯定的で、集団的自衛権の行使にも反対しており、教会ぐるみで活発な平和運動がなされることもよくある。逆に、日本の国益や名誉を守ることに積極的な、いわば右派的な牧師・信者も、ごく少数ながら存在する。

一方、信仰者として平和を祈るのは当然であるが、キリスト教会の使命は政治運動・市民運動そのものではないのだから、教会は政治・社会のあまり具体的な諸問題に直接は関わるべきではなく、福音の宣教にのみ専念すべきだと考える信者も少なくない。日本国内でさえ信者たちの考えや姿勢は多様で、一言で「これが戦争に対するキリスト教の立場です」と言えるようなものを示すのは、なかなか困難なのである。

終章　愛と宗教戦争

戦争の原因や動機

そもそも、人はなぜ戦争をするのだろうか。

古くは、中国武経七書《ぶけいしちしょ》の一つである『呉子《ごし》』や、トゥキディデスの『戦史』などが、すでにそうした問いに触れている。紀元前から二一世紀現在にいたるまで、戦争の原因や動機は、研究者の大きな関心事であり続けている。

国際政治学や国際関係論といった学問が始まったことの根底には、「戦争の原因は何か」「どうしたら悲惨な戦争を防げるのか」という問いがあった。経済学、人類学、心理学、動物行動学などさまざまな分野の研究者によっても、同様の問題が議論されてきた。おそらく、戦争の原因や動機に関する諸説を紹介するだけで、ちょっとした叢書《そうしょ》ができるほどであろう。

戦争の原因や動機は、究極的には、戦争の数と同じだけあるという話にもなる。だが、さしあたりは大きく三つ、すなわち、戦争には経済的な利益をめぐる葛藤という側面があり、思想やイデオロギーの衝突という側面もあり、恐怖心やプライドや集団的熱狂などの心理的な側面もあると考えてもよいだろう。

ただし、もちろんこれらの原因や動機は、一つの戦争のなかでも常に混ざり合っているものである。個々の戦争を単一の要因で説明しようとすること自体に無理がある。経済的な利益を得ることがその戦争の主な動機だったとしても、殺戮を正当化するために、宗教的信仰や民族意識が利用されることもある。あるいは、差別・復讐・プライド・歴史的怨念《おんねん》などが錯綜し、結局何のために戦っていたのか、後になってみれば戦った当人たちにもよくわからなくなることや、戦争の始まりと途中と後とで、戦う理由について異なった理解がなされることもあるからだ。つまり、戦争の理由はしばしば動的なもの、主観的なものであり、必ずしも、誰もが同じように認識できる客観的なものとしてあるわけではない。

だがしばしば、戦争の原因に関する議論では、経済的な利益の問題に重点が置かれる傾向が強いように思われる。確かに戦争には、経済的な利害が大きく絡んでいる。しかし、人間や社会は、損得勘定や費用対効果だけで行動するものではない。ある経済学者は、戦争は経済的には割に合わず、「ハイリスク・ローリターン」なので、大きな戦争は時代遅れな行為だと主張した。しかし、経済的に「割に合わない」というだけで戦いを回避できるほど、人間や社会は理性的なものではない。人々がいっそ損得勘定だけで行動できたなら、とっくの昔に戦争などやめていたであろう。

単純な損得勘定では割り切れないものにこそ執着するというところに、人間の人間らしさがある。人間は、さまざまな文化・伝統・慣習・価値観に縛られて生きるのであり、それらすべてに客観的な合理性があるわけではない。経済的にリターンがなくても、人は何かに生活をささげ、命をかけることがある。宗教はその最たるものであろう。では、よく言われるように、果たして宗教は、戦争の「原因」でありうるのだろうか。

宗教の違いが争いを生むわけではない

宗教とは、心理的なものでもあるが、文化的・思想的なものでもあり、政治や経済とも極めて密接なものでもある。それは単なる個人の「心の支え」ではない。もし宗教が個人的な生き方の問題に過ぎないものであるならば、例えば古代ローマ帝国でも、近世・近代の日本でも、わざわざキリスト教を禁止したり迫害したりする必要などなかったであろう。宗教は一人ひとりの人生観や生き方にも関わるが、同時に極めて社会的なものである。したがって、社会的な事象である「戦争」に宗教が深く関わるのも、当然といえば当然なのである。

仮に、ある宗教の教典に戦争や暴力を正当化するかのような記述があり、現に他の集団と闘争中であるとしても、だからといってその宗教は、誕生してから絶え間なく武力行使を続けているわけではない。戦争やテロをしていない時期も当然あるわけで、むしろほとんどの場合は、そうした平和的期間の方が長い。宗教の存在それ自体が必然的に戦争の原因だというのならば、逆に、信者たちが戦争をせず平和を保っている場合、いったいなぜそうしていられるのかを説明せねばならなくなる。

信者やその社会は、あくまでも、ある特定の「状況」において戦いを決断する。単純に宗教が戦争の「原因」なのだというだけの説明では、なぜ「その時」に「その場所」で戦争が起きたのかが曖昧になってしまう。侵略であれ、防衛であれ、宗教がその暴力を正当化、ないしは助長する前に、何らかの具体的な「状況」が複雑に絡み合って、人々に武力行使を決断させているのである。

日本の狭い国土には実に多様な宗教団体が存在しているが、それにもかかわらず、神道系も、仏教系も、キリスト教系も、その他も、互いに争ったりいがみ合ったりはしていない。ごく一部には仲の良くない教団もあるようだが、それはむしろ例外であって、基本的には、異なる多くの宗教はそれぞれ平和的に共存しているのである。

キリスト教とイスラム教は互いに争っているという印象をもっている人もいるようだが、それも偏見に過ぎない。歴史を通してみれば、両陣営が直接戦争状態にあった時期はむしろ稀である。多くの諸宗教は、積極的に互いを尊重している場合もあれば、あるいはただお互いに無関心なだけという場合もあるが、いずれにしても、宗教の違いそのものがすぐに武力闘争を生むわけではない。また、仏教徒やヒンズー教徒も、これまでの歴史では戦争に関わってきたのだから、一神教は他と比べて特に不寛容で暴力的だというのも、単なる偏見である。

戦争をしている社会に「愛と平和」を唱える宗教家を多く送り込んだところで、それだけではすぐに戦争を終わらせて平和にすることなど期待できない。また逆に、平和な社会に多くの異なる宗教家を送り込んだところで、それだけではその社会に戦争や内乱を起こさせることもできないだろう。

そもそも、これまで「宗教」ではない集団や、「信仰」とは無縁の人々によっても、戦争やテロが起こされてきた。宗教に否定的な、あるいは無関係な共産主義者や左翼ゲリラが、過激な暴力や武力行使に関わってきた例は少なくない。戦いや争いは、どんな人間や社会にも多かれ少なかれある共通の可能性である。

辛辣《しんらつ》な宗教批判者としても知られる生物学者のリチャード・ドーキンスは、『利己的な遺伝子』（紀伊國屋書店）のなかで、「軍事技術年鑑には、大弓や軍馬や戦車や水爆と同じ資格で、宗教的な信仰についても一章がさかれて当然である」と述べている。盲信は一切を正当化できるので、宗教もまた戦争の「武器」だというのである。ドーキンス自身の宗教観はさておき、一般的に宗教というものに対して、彼と似た印象を抱いている人はいるかもしれない。著名な戦争研究者であるアザー・ガットも『文明と戦争』(中央公論新社)で、戦争や暴力における宗教の積極的な役割について触れている。

しかし、宗教は軍馬や戦車のように人の意のままにコントロールできるものではなく、宗教が戦争を正当化・助長する場合も、その論理は「盲信」の一言で片付けられるようなものではない。宗教は必ずしも宗教だけの論理で動くのではなく、常に周囲の社会状況と連関しており、またその信仰を抱く一人ひとりの人間によっても大きく変わるのである。

関係と原因は区別される

十字軍、魔女狩り、異端審問などが行われていた頃のキリスト教と、そのようなことはしていない現在のキリスト教と、その中身は基本的には何も変わっていない。聖書は昔も今も同じ内容のものが用いられているし、昔と今とで教義そのものが大幅に変更されたわけでもない。宗教そのものが変わったのではなく、社会の状況、人々の考え方、価値観、態度が変わったのである。

また、例えばIRA(アイルランド共和国軍)の構成員の多くはカトリック信者だが、彼らの闘争そのものがキリスト教信仰に基づいているとは言い難い。すなわち、武力闘争をしているメンバーが何らかの宗教的信仰をもっているということと、彼らの戦いの「原因」が彼らの宗教であるかどうかは、まったく別の問題なのである。

ウィリアムソン・マーレーとマーク・グリムズリーが『戦略の形成』（中央公論新社）で述べたように、古代から現代にいたるまで、戦略の形成には、地理的環境や国家の規模、国や社会の過去の経験や記憶、宗教やイデオロギーなど世界観や価値観、経済的要因、そして政治組織や軍事組織の内実、といったさまざまな要素が関わっている。「戦争」は実に複雑な現実や情緒の絡み合いから成るものなので、その原因や形成要素を、特定の何かに収斂《しゅうれん》させて論じようとする発想自体がナンセンスなのである。

結局、戦争やテロといった社会的事象については、その「原因」を問うということとそれ自体の意味や妥当性から再考することが求められるであろう。戦争は多くの要因が複雑に絡み合って生起するものであるため、そもそも何を示せば「その宗教がこの戦争の原因だ」と結論できるのかがはっきりしないのである。

確かに、宗教が戦いの際の旗印として用いられることはよくある。伝統的宗教ではない世俗のイデオロギーや民族・国家意識が擬似宗教化することもある。だが、戦争というのは、人々が殺し合いをする壮絶な営みであり、その社会の存亡もかかった実に深刻なイベントである以上、キリスト教会であろうが、靖国神社であろうが、「宗教」が何らかの関わりを見せるのは、単に自然なことなのである。宗教が戦争に関わっているということと、それが戦争の「原因」かどうかということとは、きちんと区別されねばならない。

宗教的闘争とその内実

現在、「宗教戦争」という言葉はやや曖昧に使われている。西洋史の分野で「宗教戦争」といえば、宗教改革期の一六世紀から一七世紀の間のヨーロッパで、プロテスタントとカトリックの対立を含んだ戦争を指すことが多い。だが、同時にこの言葉は、より広い意味で、宗教をめぐって起きたすべての戦争を指す場合もある。

どのような戦争・テロを「宗教戦争」「宗教的テロ」と呼ぶのかは、それほど厳密に決まっているわけではない。だが、キリスト教を念頭においた場合、宗教戦争や宗教的テロと言われるものは、その背景や対立構造などから、さしあたり四つほどのパターンに分けることもできると考えられる。

まず一つは、イスラム教やユダヤ教など、異なる宗教との対立を中心とした戦争である。起源や伝統が大幅に異なる宗教が対立するこうしたケースでは、比較的広い地域において戦争が継続する。宗教間対立から戦いが始まるが、純粋にそうした動機のみで一貫するとは限らず、貿易の利権や領土獲得などの経済的動機や、排他的民族主義などの介在も見られる。中世の十字軍やレコンキスタなどがこれに該当する。

二つ目は、キリスト教の教派間での対立による戦争である。教会の権威や組織体制に対する不満、あるいは神学的諸問題が、特定のグループ、社会階層、国家の間での対立へと発展し、武力闘争にいたるものである。しばしば教派間の権力抗争になるが、民族の自治を求める運動という性格をもつこともある。例としては、フス戦争、シュマルカルデン戦争、ユグノー戦争などが挙げられる。

三つ目は、宗教的信仰を基盤に据え、自分たち以外の社会全体と戦おうとする闘争である。ここでは、ある社会問題や政治問題が、全人類のあり方に関わる問題、あるいは歴史や宇宙の「意味」に関わる問題といった、壮大な宗教的シナリオのもとで捉えられる傾向が強い。この場合、闘争の相手は他の宗教や教派の信者とは限らず、世俗社会における無宗教の人々も含まれる。一九九〇年代のアメリカで起こされた、プロテスタント牧師による人工妊娠中絶反対テロなど、個人や小集団によるテロなどがこれに該当する。

四つ目は、宗教的な要素が強調されるものの、内実としては政治的対立の要素が強い戦争である。異なる宗教・教派の政治権力間の抗争が発展して、領土紛争や独立運動にもなりうるもので、この種の闘争においては、宗教や教派の違いは、ある集団を他と区別する外面的な旗印として用いられる場合が多い。オランダ独立戦争や、三十年戦争などがこれに該当する。

以上のように、大まかな類型化がさしあたりは可能かと思われるが、こうした整理はあくまでも分析の糸口に過ぎず、これでもってすべての宗教戦争が説明できるわけではない。戦争と宗教の関わり方は、実際にはかなり多様であり、同じ戦争でも、それが進行するプロセスで宗教の位置づけやその関わり方は変化していくこともあるからだ。

民族主義との連続性

これまで、宗教が排他的な武力闘争に人々を駆り立てた背景として、民族主義的意識が強く影響していたことも指摘できる。宗教戦争を類型化して分析した一人である黒川知文《くろかわともぶみ》によれば、例えば十字軍運動には西欧キリスト教民族主義が、レコンキスタにはイベリア・キリスト教民族主義が、フス戦争にはチェコ民族主義が、それ以外の宗教戦争にも、ドイツ、フランス、オランダ、スウェーデンなどの民族意識や民族主義が強く影響したという。

また黒川によると、宗教と民族主義の関係には大きく二つの見方があるという。一つは、宗教と民族主義とが融合していくとするモデルである。そこでは両者は、相互補完的機能を果たすと考えられる。民族主義の世俗的な支配に宗教の聖性が付与されて、それによって正当性や普遍性が得られると同時に、宗教の説く来世を保証するものとして、民族主義の現世的努力が位置づけられる。これは主に、世俗化の時代を対象とした民族主義を中心とするものであり、ここで宗教は、しばしばリバイバルといった形で登場する。

もう一つの見方は、社会が危機的状況に陥った際に、宗教において排他的な教説が標榜《ひょうぼう》され、それが排他的民族主義、そして宗教戦争へと変容していくというモデルである。例えば、キリスト教においては、救済論と人間論と終末論に基づく観念が、「神か悪魔か」「正義か不義か」という二項対置、悪魔との「聖戦」論などに変容し、これらの排他的な教説が、排他的民族主義や自民族優越主義、および戦争の正当化へと変容するという見方である。

宗教的テロリズムの研究で知られるマーク・ユルゲンスマイヤーも、宗教はそれ自体が戦争や暴力の「原因」とは言い難いと論じている。彼によれば、宗教は暴力を正当化する際の道徳観の基盤として機能するという。また、宗教は殺害や破壊の行為に道義的な正当性を与え、テロ行為の実行犯に、自分たちは聖典に書かれた壮大なシナリオの通りに、やむをえず防衛のための戦いに巻き込まれているのだと信じこませる「コズミック戦争」のイメージを提供するというのである。

第五章では、キリスト教の伝統に軍事的なレトリックが多く見られることについて触れたが、そうした傾向は特定宗教に限ったものではない。ユルゲンスマイヤーは次のようにも述べている。

暴力や戦争は、常に宗教的想像力の一部であった。また、宗教戦争のイメージは、あらゆる宗教的伝統の歴史と神話の中に組み込まれている。戦争の観念は——私見では——善と悪、混沌と秩序という大問題に対する宗教の対処法の一部となっている。それゆえ、戦争のイメージは、最後には究極的な秩序と調和のイメージにたどりつく。

（『宗教——相克と平和』秋山書店）

愛と平和を説く宗教に血なまぐさいイメージが内包される理由は、逆説的ながら、信仰の目指すものが平和だからである。調和の状態を、説得力をもって描くためには、宗教はむしろ混乱や不調和とそれを封じ込める能力を強調しなければならない。ユルゲンスマイヤーによれば、「戦争」は「宗教的伝統に則《のっと》った儀式」と同じく「人生のきわめて奥深い側面を例証し、説明する参加型のドラマ」でもあるのだ。

戦いへと駆り立てる先入観

続けてもう一つ述べておきたいのは、人や社会が武力の行使を決断する際には、しばしば次のような三つの先入観が強く働いていることが多いと考えられることである。

①諸悪の根源は外来的なものである

人はしばしば、特に具体的な根拠もないまま、今の社会の不安定な状況は、外部からの妨害者によってもたらされている、と感じることがある。自分たちのこの社会は、本来は善であり、幸福なものであるはずなのに、しかしそれが実現できていないのは、外部の何者かによってそれが妨げられているからだ、という意識である。それはすなわち、幸せの妨害者、「敵」を排除しさえすれば、自分たちの社会はおのずと幸せで正しい道に戻るのだという思い込みである。こうした思考傾向や感性をもっているかぎり、他者に対する疑いばかりが肥大化し、自分たちの判断や行動に対する反省や疑いが希薄になる。排他的な愛国心、民族主義、宗教的信仰などのように、自分たちの文化や社会に対する信頼や愛情が、自らに対する健全な懐疑や反省の欠如を生み、歪《ゆが》んだ形で表出してしまう。

②悪は常に意図的である

社会の状態や国際関係は、政治や経済への人為的な介入だけでなく、大衆の熱狂や、特異な個人による事件、事故、あるいは飢饉《ききん》や疫病といった自然災害など、予測やコントロールが困難な、偶然的としか言いようのないものの影響も受けながら変化していく。ところが、しばしば人や社会は、不安や不満を感じる状況に長くいると、ある出来事が実際には偶然的なものに過ぎなくても、その「悪」や「不遇」は誰かによって自覚的・意図的・計画的に行われたのだと思い込むことがある。客観的には運やタイミングの悪さでしかないものであっても、自分たちは作為的にそうした状況に追い込まれたのだと感じ、被害者感情を強め、誰かに対する敵愾心《てきがいしん》を燃え上がらせることで、精神的な安寧を得ようとする。人はただ悲しむよりも、誰かを責める方が楽だからである。

③今は特別な時代である

人は書物や映像などで、過去のさまざまな出来事を学ぶことができるが、長い目で見れば、人類の歴史はだいたい似たような出来事の繰り返しである。しかし、私たちにとって「生きる」ということは、今この特定の時代を見聞きすることに他ならないから、当然ながら人は「今」「この時代」に最も強いリアリティを感じる。したがって、何かが起きると、今は特別な時代なのだ、と考えてしまいやすい。宗教的な世界観や歴史観もそれを助長・強化する。人は誰もが無意識に「自分」を重大視するが、同じように「現在」を重大視し、宗教的信仰がそれに裏付けを与えるのである。自分の生きている「今」は、特別な歴史的転換点にあり、「今」は未来を決定する重大な時なのだと感じることで、自分で自分を興奮させ、日々の倦《けん》怠《たい》や不満を吹き払い、平凡だった人生に意味や使命感を見出そうとする。

人や社会を戦いへと駆り立てるこうした心的傾向は、辻《つじ》隆《りゅう》太朗《たろう》が『世界の陰謀論を読み解く――ユダヤ・フリーメーソン・イルミナティ』（講談社）のなかで整理した陰謀論に関するいくつかの議論とも同じである。辻も述べているように、陰謀論者たちの戦いは、彼らの主観としては決して「攻撃」ではなく、やむをえない「防衛」だとされるのだが、宗教的闘争に関わる者たちの主張にもそうした傾向が見られる。武力闘争とそれを支持する人々のなかに、広い意味での陰謀論的な考え方や感性を見出すことも可能だと思われる。

「癒し」になる「戦い」

ただし、皮肉にも、これら三つの心的傾向は、反戦平和主義者にも当てはまる。すなわち、①戦争は一部の邪悪で好戦的な連中によって引き起こされるものだ、②彼らは自覚的・意図的に社会を戦争に引きずり込もうとしている、③特に今は、そうした勢力が大きくなっている危険な時代なのだ、というものである。今は一歩間違えれば戦争になってしまう、そんな危うい時代なのだ、今こそ立ち上がらねばならないのだ、という危機感と使命感は、善良な人々の心を躍らせ、平凡な日常に彩りを与えてくれる。平和運動もまた、日常の倦怠からの「癒し」として機能しうるのである。

戦争や争いにはさまざまな原因が考えられてきたが、その一方で、何らかの目標のために戦争をするという発想そのものを疑う研究者もいる。例えば、イスラエルの戦争研究者マーチン・ファン・クレフェルトは、『戦争の変遷』（原書房）のなかで、戦争が目的を達成するための一つの手段に過ぎないというのは正しくないとし、実際はその逆で、「人々はしばしば戦うために目標をつくりだす」という。

クレフェルトの戦争論についてはあらためて詳細な検討が必要だが、この「人々はしばしば戦うために目標をつくりだす」という指摘は、宗教的な戦争やテロを考えるうえでも重要な視点だと思われる。彼の「戦争は宗教を継続する行為である」という議論も、一つの見方としては興味深い。

一般に、宗教的な暴力がしばしば苛烈になるのは、それが此岸《しがん》的な欲望ではなく、彼岸《ひがん》的な希望に支えられているからである。どんなに戦況が悪化しても、当事者たちはなかなか絶望しないのだ。一部の宗教的闘争においては、当事者たちは当面は明らかな勝利を得られないことを本音ではわかっている。しかし、だからといって敗北を受け入れることはできず、屈辱の状態も許容できない。そうした場合は、勝利のイメージを理想のまま高く維持し、「戦い」の状態を継続することが、彼らの信仰とプライドを守るうえで有効となる。つまり、戦い続けることが「癒し」ないしは「救い」になるのである。

人は何を求めて戦うのか

キリスト教に限らず、長い歴史をもつ宗教のほとんどは、何らかの形で戦争や暴力と関わってきた。キリスト教におけるそれが特に目立って見えるのは、キリスト教が世界最大の信者数をもち、信者は特定地域ではなく世界各地におり、さまざまな記録も多言語で膨大に残されており、研究者の数も多いからである。

正しく生きたい、平和的に生きたい、という願望をもちつつも、何らかの形で暴力を用いてしまうのは、キリスト教徒だけの問題ではない。それは、他の宗教のみならず、無宗教の人たちも含めて、およそ人間なるものが共通して背負っている矛盾であるように思われる。

日本では、しばしば「宗教」と「倫理・道徳」が混同される傾向にある。だが宗教的信仰は、必ずしもその人を品行方正にするわけではない。世界二三億人のキリスト教徒たちの間でも、いじめや犯罪はある。総人口の一パーセントにも満たない日本のキリスト教徒のなかには、大変素晴らしい人物もいるが、しかし、なかには変わり者や困った人もいないわけではないことを、本音としては、多くのキリスト教徒は知っている。教会のなかでも、牧師と信者、信者同士のあいだでさまざまな葛藤が見られることもある。

信仰は、円滑な人間関係を保証するわけではない。結局認めるべきなのは、人間は人間である以上、信仰をもっていようがいまいが、過ちを犯すことがあるし、他人と衝突して誰かを傷つけることがある、という実に単純な真理であろう。

多くのキリスト教徒は「平和、平和」と口にするが、およそ人間の口から叫ばれる平和とは、ほとんどの場合、誰かにとって都合の良い「秩序」に他ならない。それは誰かによって作られ、誰かによって維持されるしかないものである。平和を求める、というのは、他と比べて崇高で清らかな姿勢なのではなく、むしろ、所詮はギラギラとした人間的欲望に他ならない。ほとんどの場合、「戦い」は平和のためにと思ってなされるのであるから、平和を望む気持ちと、戦いを決断する気持ちとの間に、根本的な違いはないのである。

戦争ほど人や社会が必死になって取り組むものはないのであるから、戦争とは何かという問いは、人間が究極的に執着するものは何か、という問いに行き着くといっても過言ではないように思われる。戦争についての問いは、人間の本性についての問いであり、戦争観とは人間観の応用に他ならないと言ってもよいだろう。だが、人間の本性とは何かというのは、またずいぶんと壮大な問いになってしまう。

ドストエフスキーは『カラマーゾフの兄弟』のなかで、人間の「生」に必須のもの三点について触れている。それは、イエスが悪魔から誘惑を受けるシーンに関連した議論である。イエスがまだ伝道を始める前のことである。イエスはヨハネから洗礼を受けた後、荒れ野に行って四〇日間断食をする。福音書によれば、イエスはその際に悪魔から次のような三つの誘惑を受ける。

まず一つ目は、空腹を覚えたイエスに、悪魔が「神の子なら、この石にパンになるよう命じたらどうだ」と言う。それに対してイエスは「人はパンだけで生きるものではない」と答える。次に、悪魔はイエスをつれて一瞬のうちに世界の国々を見せ、「わたしを拝むなら、この国々の一切の権力と繁栄を与えよう」と言う。それに対してイエスは、自分はただ神である主を拝み主に仕えるのだ、と答える。最後に、悪魔はイエスを神殿の屋根に立たせ、「神の子なら、ここから飛び降りてみろ。天使たちが手でお前を支えてくれるだろうから」と言う。するとイエスは、神を試してはならない、と答えるのである。

『カラマーゾフの兄弟』のなかの有名な「大審問官《だいしんもんかん》」の部分では、これら三つの悪魔の誘惑が、人間の生に必須のものと解されている。人間が人間である以上、どうしても執着するものの最大公約数的な表現だと言ってもよい。すなわち、人間は物質的欲望を満たさずには生きていけず、それを完全に捨て去ることはできないし、また人間は何のために生きるのか、という意味を欲するものであり、人間は真理性の保証、正当性の保証を求めてやまない、というものである。

「意味」のために人を殺し、「善」のために傷つける

こうした人間理解は、おおよそのところでは、そのまま戦争理解に当てはめることもできるのではないだろうか。戦争の背後には、確かに物欲があり、支配欲がある。しかし戦争は、決して単なる損得勘定のみに基づいているわけではない。物質的・生物学的な欲求のみならず、プライド、恐れ、怒り、そして個人や社会の正当性、その意味、その信憑性《しんぴょうせい》、自分たちは善の側に立っている、という確証を求める気持ちにも基づいている。

衣食住には満ち足りていても、人は自殺をすることがある。人間は愛情、使命感、生きがい、喜びなど、何らかの「意味」を感じながらしか生きられない。ただ単に生物として「生存」するだけの状態には、耐えられないのである。「意味」とは、人間にとって死活問題なのだ。「意味」を見出せなくなれば人は死を選び、また「意味」のためならば人は人を殺せてしまうのである。

確かに戦争には、おぞましい悪意、狂気も含まれる。しかし、必ずしも戦争の全体が純然たる悪意のみによって支えられているわけでもない。戦争の根本にあるのは、善意と悪意の入り混じった、混沌とした理性と情念である。戦争が手に負えないのは、人間そのものが不可解だからである。「愛情」や「優しさ」だけでは、戦争を止められない。もちろん、それらなしに平和はありえないだろうが、それらによって戦争が正当化されることもあるからだ。

総じて人は、「悪」を意識している時よりも、「善」を意識している時の方が、凶暴になり、他者を傷つけることをためらわないものである。

スティーブン・ピンカーが『暴力の人類史』（青土社）で論じたように、戦争は基本的には減り続けており、現代は昔と比べてはるかに暴力の少ない平和な時代になっている、という研究もある。人間社会における戦争や暴力の問題は、歴史学、心理学、政治学、経済学、そして倫理観や道徳観の変化など、さまざまな観点から考えていく必要があるが、それも究極的には「人間性」そのものについての問いに行き着くであろう。

キリスト教会やキリスト教徒の戦争に対する態度、およびその変遷それ自体は、もちろん特定の宗教文化の事例に他ならない。だが、極めて長い時間と多くの人々によって形成されたその全体像のなかに、ある程度人間に普遍的な傾向を見出すこともできるのではないかと思われる。

愛と平和

キリスト教徒は、それぞれの時代状況のなかで葛藤し、人を殺したり、仲間を殺されたりしながら、戦争と平和の問題を考えてきた。そんな彼らが平和を祈る際、最終的に口にするのは「愛」である。キリスト教徒は自らの宗教を「愛の宗教」などと自称する。だが、そもそも、その「愛」とはいったい何なのだろうか。

この根本的な部分について考えるには、宗教の特徴というのは必ずしも客観的なものではなく、その宗教の信者たちによる「自己申告」に過ぎないことが多いという点を、まず確認せねばならないだろう。

例えば、キリスト教では、天上の超越神である父なる神の他に、子であるイエス・キリストも神であり、聖霊も神である。ただし、これらを「三つの神」とは考えず、「三位一体」すなわち一人格の三つの位格であるとして、あくまでも神は一つ、つまり一神教であると主張する。これは信者自身でさえもうまく説明することが困難な、不思議な論理である。端《はた》から見れば、厳密な一神教とは言えないのではないか、三神教なのではないか、という疑問も当然あるが、しかしキリスト教徒の自己申告としては、あくまでも三位一体の「一神教」なのである。第三者から見れば奇妙なこの神学論争において、キリスト教徒たちは武装して対立したことさえあった。

こうした「自己申告」は、ローマ・カトリック教会などにおけるマリア崇敬にも言える。聖母マリアは、公式にはあくまでも「崇敬」の対象であって、「崇拝」対象ではない。一神教である以上、崇拝するのは神だけでなければならないからである。だが、しばしばカトリックの施設では、十字架やイエス像よりもマリア像が目立つ位置にあることが珍しくない。

聖母マリアの方がイエスよりも強い存在感を示していたり、愛着をもたれたりしているようにも窺える。結局、崇敬と崇拝の区別は信者たちの建前であり、つまりこれもまた自己申告に過ぎず、その違いはどんな立場の人にも客観的に判別可能な類《たぐい》のものではない。

では、「愛」はどうだろうか。「愛」はキリスト教における最も重要な概念だということになっており、実際に新約聖書には「神は愛である」とも書かれている。だが、「愛」とは何かについて、実際どれほどの信者がそれをうまく説明できるだろうか。

かつて日本では、聖書における「愛」に相当する適切な訳語がなかったため「ご大切」と訳されたこともある。キリシタンたちは、はじめは聖書のその言葉を「愛」と訳すことに躊躇した。当時の「愛」には、人間の内奥にある生の衝動・執着といった否定的ニュアンスがあったからである。「大切」とは「大イニ切《せち》ナリ」という和語を音読みした室町時代の和製漢語であるが、こちらの方が、無償の愛、神の愛と神への愛、あるいは隣人愛を表現する言葉として適切だと考えたのである。

新約聖書をギリシア語からケセン語（岩手県の方言）に翻訳した山浦玄嗣《やまうらはるつぐ》は、こうしたプロセスを念頭に、「愛する」を「大事にする」（でァじにする）と訳した。山浦によれば、新約聖書の「敵を愛しなさい」は、もはや誤訳であり、「敵（かだギ）であってもどこまでも大事（でァじ）にし続けろ」が正しいのではないかと言う。敵だから憎いのは当然であり、憎くてもよい。肝心なのは、憎い相手に対しても、あいつも人なのだと思って大事にする、ということなのではないか、と山浦は述べている。

西洋思想史においては、これまで「愛」の概念に関する膨大な議論の蓄積がある。だが、キリスト教徒のほとんどを占める、哲学者でも神学者でもない一般の信者たちは、いったい「愛」とは何であると考えているのだろうか。また、「愛」の概念はどう扱われてきたのだろうか。「愛」ほど、よく知られている割にはその説明が困難な概念はない。

現実のキリスト教における「愛」について、新約聖書学者の田川建三による次の一文は、実態を鋭く突いているように思われる。

キリスト教は愛の宗教です、というのは、建前にすぎない。表向きの看板である。この種の表向きの看板には、嘘と偽善が常につきまとう。しかし、それでも、彼らはこの看板を下ろすことはしなかった。こういう看板をかけている限り、自分たちは愛の宗教なんです、と言い続けている限り、なるべく忠実にその看板を実現しようとする人たちが、常にキリスト教の内部に出現するものだ。そしてそれがキリスト教を支える力となってきた。だからますます、この看板を下ろそうという気配はない。

（『キリスト教思想への招待』勁草書房）

キリスト教は、例えばマザー・テレサなどのように、これまで素晴らしい人物を輩出してきた。尊敬すべきクリスチャンは、今でも世界に多くいる。だが同時に他方では、クリスチャンは大きな過ちも犯してきた。問題は、必ずしも愛の欠如ではない。人はたいてい、誰か一人くらいは愛している人がいるものだが、誰かを愛しているからこそ、その人のために別の誰かを押しのけ、ないがしろにしてしまうこともあるだろう。

「愛せ」と命令したイエス

愛をもって生きるとは、いったいどのような佇まいのことをいうのだろうか。真の愛は、誰にでもどんな状況でも可能なのだろうか。愛とは、決して単なる「好き」という感情ではないし、男女間の欲望でもない。聖書において「愛」について書かれている最も有名な箇所は次の部分である。

愛は忍耐強い。愛は情け深い。ねたまない。愛は自慢せず、高ぶらない。礼を失せず、自分の利益を求めず、いらだたず、恨みを抱かない。不義を喜ばず、真実を喜ぶ。すべてを忍び、すべてを信じ、すべてを望み、すべてに耐える。

（コリントの信徒への手紙一13：4）

だが、人々の間で、実際にこのような「愛」がありうるものだろうか。学校、職場、家庭におけるちょっとした葛藤でさえ、自分の言い分と相手の言い分がいつまでも平行線のままであることはよくある。人間は、究極的には、わかりあえない存在なのかもしれない。

私たちはしばしば、相手が何を考えているのかわからない、と言って悩む。だがよく考えてみれば、自分が何を考えているかも、よくわかっていないことが多い。人が最も深く誤解している相手とは、実は自分自身に他ならないと言われたりもする。自分に対してさえそうなのだから、他人のことを十分に理解し、常に愛情をもって接するなど、容易なことではない。政治的・経済的な葛藤の時、あるいは戦時においてはなおさらであろう。

右の聖書の言葉は、人に愛とは何かを教えてくれるというよりは、むしろ、人は人を真の意味で愛することができない存在であるということに、気付かせるものであるようにも思われる。はっきり言って、真の愛など、私たちにはありえないのかもしれない。私たちに、真の愛は不可能なのだ。そう気付くことの方が、正直というものである。

いっそのこと、そう考えるならば、「互いに愛し合いなさい。これが私の命令である」（ヨハネによる福音書15：17）というイエスの言葉が、とても自然であるようにも感じられる。

重要なのは、この最後の部分の「命令である」という点だ。この箇所でイエスは、私たちが誰かを愛しうる際の条件などについては一切議論していない。ただ「愛せ」という「命令」があるだけなのである。

愛とは、条件に基づいて相手を選択するものではない。愛は自由なものでもない。心の底から自然と湧《わ》き上がる、キラキラとした情緒でもない。愛とは、欲や嫉妬にまみれた私たち人間を超えたものなのだから、それが真実であるならば、人間自身にとっては不自然なものとしてしかありえない。だから、人間にとって「愛」は、「愛せ」と命令されるものでしかない。それは、義務として課せられるしかない。愛は、強制されるしかない。愛そうとすればするほど、愛さないで済むのなら愛さないでいる方が楽だ、という本音を秘めざるをえないようにも思われる。

敵を大事にし、戦争を克服するような、そんな大きな愛をもって生きるとは、私たちにとっては不自然なものを強制されて生きるということである。私たちに可能なのは、ぎこちない愛のモノマネでもって、無理にでも愛そうとすることによって、どうにか互いに相手を尊重する関係をつくり、それによって現実が少しでも良くなっていきますようにという、ささやかな希望を抱くことだけである。

人は、愛という言葉のもとで、ずるいことや、卑劣なこともできてしまうだろう。人は、利益や面子のために人を殺すことがあるが、利益や面子のために、誰かを愛している振りをすることだってあるだろう。いくら「これは愛です」と言ったところで、それが真の愛であるかどうかは、誰にも判断がつかない。つまり、愛もまた、「自己申告」に過ぎないのだ。

愛があろうがなかろうが、人はみな、どうせ「死」という同じゴールにたどり着く。それにもかかわらず、私たちはそのよくわからない「愛」とやらに拘泥して、戦いに命をかけ、あるいは反戦運動に身をささげる。戦争と平和の問題を考えるというのは、「愛」の困難に象徴されるような、人間の根本的な矛盾と限界を認め、受け入れることから始めなければいけないように思われる。

あとがき

筆者はここ何年も、一日も欠かさずに日記を書いている。

本書よりも若干大きなサイズの一日一ページの手帳に、仕事のこと、その日の出来事、考えたこと、思ったこと、テレビで観たこと、読んだ本の引用などを、まるで余白恐怖症のように、細かい文字でびっしり書き込むのが、唯一の趣味である。

その日記によれば、本書は当初、今のこれとはずいぶん違った内容で企画された。そしていったんはA4用紙で八〇枚ほどの原稿を書き上げたのだが、筆者自身の問題意識が変わったため、それらをすべて放棄した。本書のような内容にゼロから書き直しを始めたのは、二〇一四年の一一月二四日からであると日記には書かれている。それから仕事のあいまに書き進め、翌年の八月二八日に編集部へ完成原稿を送り、一〇月一日に初校ゲラが届いたので、主な執筆期間はだいたい一年弱ということになる。

本書のような形で「戦争とキリスト教」を扱った日本語の本は、これまでありそうでなかったと思われる。だが、ここではキリスト教という宗教の一方の傾向ばかりを強調することになった。「平和とキリスト教」というテーマで、この宗教のもっとポジティブな側面に目を向ける必要もあるだろう。ただし、その際には、「戦争」と「平和」を当たり前のように対立的に捉える見方それ自体についても、きちんと再考されねばならない。

この原稿を書いているあいだに、日本でも世界でも、さまざまな出来事があった。それらを見聞きして想起させられるのは、私たちにとって、大きな愛と大きな平和を叫ぶのは快感だが、実際には、小さな愛と小さな平和を実践するのも大変だ、という素朴な現実である。振り返ってみると、筆者が「戦争」や「宗教」、あるいは人間そのものについて考えるうえでヒントになったのは、ニュースで見聞きする大きな事件よりも、日々経験する、小さな、個人的な出来事だったような気がする。

例えば、どんなことから何を考えたかというと……と、つい文章を続けてしまいそうになるが、本書は、筆者の個人的な経験や思いを書くための企画ではない。それらについては、今夜、また日記にでも書こうと思う。あとがきは、短いほうがよいだろう。

最後に、本書刊行にあたりお世話になった、中公新書編集部の藤吉亮平さん、そして、これまで支えてくださった多くの方たちに、心から、感謝と御礼を申し上げたい。

二〇一五年　晩秋　　大阪にて

石川明人

参考図書案内

以下では、本書で参照・引用した邦語文献のうち主なものを、その著者名、編者名の五十音順で挙げる（共著の場合は筆頭者名）。なお、『聖書』からの引用においては、すべて日本聖書協会『聖書 新共同訳』（一九八七年）を用いた。

アウグスティヌス（金子晴勇訳）『アウグスティヌス著作集』（別巻Ⅱ 書簡集2）、教文館、二〇一三年
タラル・アサド（苅田真司訳、磯前順一解説）『自爆テロ』青土社、二〇〇八年
荒井献、出村みや子、出村彰『総説キリスト教史1』（原始・古代・中世篇）日本キリスト教団出版局、二〇〇七年
荒井献、出村彰監修『総説キリスト教史2』（宗教改革篇）日本キリスト教団出版局、二〇〇六年
エドワード・ミード・アール編著（山田積昭、石塚栄、伊藤博邦訳）『新戦略の創始者――マキアヴェリからヒトラーまで』（上・下巻）原書房、二〇一一年
井門富二夫編『占領と日本宗教』未来社、一九九三年
池内恵『現代アラブの社会思想――終末論とイスラーム主義』講談社現代新書、二〇〇二年
石川明人『戦場の宗教、軍人の信仰』八千代出版、二〇一三年
石津朋之『戦争学原論』筑摩書房、二〇一三年
石津朋之編『戦争の本質と軍事力の諸相』彩流社、二〇〇四年
岩本潤一『現代カトリシズムの公共性』知泉書館、二〇一二年

上村静『宗教の倒錯――ユダヤ教・イエス・キリスト教』岩波書店、二〇〇八年
上山安敏『魔女とキリスト教――ヨーロッパ学再考』人文書院、一九九三年
ヤコブス・デ・ウォラギネ（前田敬作、山口裕、西井武訳）『黄金伝説』（二・三）平凡社、二〇〇六年
ケネス・ウォルツ（渡邊昭夫、岡垣知子訳）『人間・国家・戦争――国際政治の三つのイメージ』勁草書房、二〇一三年
内村鑑三『内村鑑三 聖書注解全集』（第一五巻）教文館、一九六一年
宇都宮輝夫『宗教の見方――人はなぜ信じるのか』勁草書房、二〇一二年
宇都宮輝夫『生と死を考える――宗教学から見た死生学』北海道大学出版会、二〇一五年
大澤武男『ローマ教皇とナチス』文春新書、二〇〇四年
大貫隆、名取四郎、宮本久雄、百瀬文晃編『岩波 キリスト教辞典』岩波書店、二〇〇二年
大宮有博『アメリカのキリスト教がわかる――ピューリタンからブッシュまで』キリスト新聞社、二〇〇六年
小川原正道『近代日本の戦争と宗教』講談社、二〇一〇年
小川原正道『日本の戦争と宗教 1899-1945』講談社、二〇一四年
小口偉一、堀一郎監修『宗教学辞典』東京大学出版会、一九七三年
小熊英二『市民と武装――アメリカ合衆国における戦争と銃規制』慶応義塾大学出版会、二〇〇四年
ロジェ・カイヨワ（秋枝茂夫訳）『戦争論――われわれの内にひそむ女神ベローナ』法政大学出版局、一九七四年
アザー・ガット（石津朋之、永末聡、山本文史監訳、歴史と戦争研究会訳）『文明と戦争』（上・下巻）中央公論新社、二〇一二年
加藤隆『『新約聖書』の「たとえ」を解く』ちくま新書、二〇〇六年

ジャン・カルヴァン（渡辺信夫訳）『キリスト教綱要』（Ⅳ／2）新教出版社、一九六五年
河島幸夫『戦争と教会――ナチズムとキリスト教』いのちのことば社、二〇一五年
関西学院大学キリスト教と文化研究センター編『キリスト教平和学事典』教文館、二〇〇九年
神田千里『島原の乱――キリシタン信仰と武装蜂起』中公新書、二〇〇五年
ジョン・キーガン（遠藤利国訳）『戦略の歴史――抹殺・征服技術の変遷 石器時代からサダム・フセインまで』心交社、一九九七年
ジョン・キーガン、リチャード・ホームズ、ジョン・ガウ（大木毅監訳）『戦いの世界史――一万年の軍人たち』原書房、二〇一四年
喜多村理子『徴兵・戦争と民衆』吉川弘文館、一九九九年
木寺廉太『古代キリスト教と平和主義――教父たちの戦争・軍隊・平和観』立教大学出版会、二〇〇四年
教皇庁正義と平和評議会（マイケル・シーゲル訳）『教会の社会教説綱要』カトリック中央協議会、二〇〇九年
ロバート・クナップ（西村昌洋監修、増永理考、山下孝輔訳）『古代ローマの庶民たち――歴史からこぼれ落ちた人々の生活』白水社、二〇一五年
カール・フォン・クラウゼヴィッツ（篠田英雄訳）『戦争論』（上・中・下巻）岩波文庫、一九六八年
栗林輝夫『原子爆弾とキリスト教――広島・長崎は「しょうがない」か？』日本キリスト教団出版局、二〇〇八年
栗林輝夫『アメリカ大統領の信仰と政治――ワシントンからオバマまで』キリスト新聞社、二〇〇九年
栗林輝夫、西原廉太、水谷誠『総説キリスト教史3』（近・現代篇）日本キリスト教団出版局、二〇〇七年
ピーター・C・クレイギ（村田充八訳）『聖書と戦争――旧約聖書における戦争の問題』すぐ書房、二〇〇一年

ドナルド・B・クレイビル、スティーブン・M・ノルト、デヴィッド・L・ウィーバー=ザーカー（青木玲訳）『アーミッシュの赦し――なぜ彼らはすぐに犯人とその家族を赦したのか』亜紀書房、二〇〇八年
マーチン・ファン・クレフェルト（石津朋之監訳）『戦争文化論』（上・下巻）原書房、二〇一〇年
マーチン・ファン・クレフェルト（石津朋之監訳）『戦争の変遷』原書房、二〇一一年
黒川知文「宗教戦争の本質構造――宗教と民族主義」日本宗教学会『宗教研究』三四五号、二〇〇五年
小原克博「戦争論についての神学的考察――宗教多元社会における正義と平和」同志社大学『基督教研究』六四巻一号、二〇〇二年
ノーマン・コーン（江河徹訳）『千年王国の追求』紀伊國屋書店、一九七八年
フスト・ゴンサレス（石田学、岩橋常久訳）『キリスト教史』（上・下巻）新教出版社、二〇〇二年、〇三年
近藤勝彦『キリスト教倫理学』教文館、二〇〇九年
今野國雄『修道院――祈り・禁欲・労働の源流』岩波新書、一九八一年
柴田平三郎「トマス・アクィナスの《正戦論》」独協大学法学会『独協法学』八五号、二〇一一年
島薗進、ヘリー・テル＝ハール、鶴岡賀雄編『宗教――相克と平和』秋山書店、二〇〇八年
鈴木達哉「ヤン・ジシュカ――フス戦争の英雄」大正大學出版部『大正大學研究紀要・人間學部・文學部』七九号、一九九四年
鈴木有郷『ラインホルド・ニーバーとアメリカ』新教出版社、一九九八年
キャサリン・アレン・スミス（井本晌二、山下陽子訳）『中世の戦争と修道院文化の形成』法政大学出版局、二〇一四年
第二バチカン公会議文書公式訳改訂特別委員会訳『第二バチカン公会議公文書』（改訂公式訳）カトリック中央協議会、二〇一三年
高尾利数「キリスト教における戦争観の変遷――イエスから中世まで」法政大学『社會勞働研究』三一巻

一・二号、一九八五年
高山一彦『ジャンヌ・ダルク――歴史を生き続ける「聖女」』岩波新書、二〇〇五年
田川建三『イエスという男――逆説的反抗者の生と死』三一書房、一九八〇年
田川建三『書物としての新約聖書』勁草書房、一九九七年
田川建三『キリスト教思想への招待』勁草書房、二〇〇四年
竹下節子『ローマ法王――二千年二六五代の系譜』中公文庫、二〇〇五年
辻隆太朗『世界の陰謀論を読み解く――ユダヤ・フリーメーソン・イルミナティ』講談社現代新書、二〇一二年
土井健司『キリスト教は戦争好きか――キリスト教的思考入門』朝日選書、二〇一二年
土肥昭夫『日本プロテスタント・キリスト教史』新教出版社、一九八〇年
リチャード・ドーキンス（日高敏隆、岸由二、羽田セツコ、垂水雄二訳）『利己的な遺伝子』紀伊國屋書店、一九九一年
徳善義和『マルチン・ルター――生涯と信仰』教文館、二〇〇七年
トマス・アクィナス（大鹿一正、稲垣良典他訳）『神学大全』（第一七・一八冊）創文社、一九九七年、八五年
中野泰雄『安重根――日韓関係の原像』亜紀書房、一九八四年
中野泰治「現代クエーカーの平和思想とその課題」基督教研究会『基督教研究』七五巻一号、二〇一三年
西原廉太『聖公会が大切にしてきたもの』聖公会出版、二〇一〇年
西村明『戦後日本と戦争死者慰霊――シズメとフルイのダイナミズム』有志舎、二〇〇六年
西山俊彦『カトリック教会の戦争責任』サンパウロ、二〇〇〇年
新田一郎「『ローマの平和』に関する考察――一・二世紀のローマの軍隊・皇帝崇拝・キリスト教対策を中

心に」金沢大学文学部『金沢大学文学部論集・史学科篇』一五号、一九九五年
日本カトリック司教協議会教理委員会訳・監修『カトリック教会のカテキズム』カトリック中央協議会、二〇〇二年
日本基督教協議会文書事業部、キリスト教大事典編集委員会編『キリスト教大事典 改訂新版』教文館、一九六八年
橋口倫介『十字軍――その非神話化』岩波新書、一九七四年
橋口倫介『十字軍騎士団』講談社学術文庫、一九九四年
蓮見博昭『宗教に揺れるアメリカ――民主政治の背後にあるもの』日本評論社、二〇〇二年
秦剛平『聖書と殺戮の歴史――ヨシュアと士師の時代』京都大学学術出版会、二〇一一年
原誠『国家を超えられなかった教会――一五年戦争下の日本プロテスタント教会』日本キリスト教団出版局、二〇〇五年
カール・バルト（吉永正義訳）『教会教義学』（創造論Ⅳ／3）新教出版社、一九八〇年
マイケル・ハワード（奥村房夫、奥村大作訳）『ヨーロッパ史における戦争』中公文庫、二〇一〇年
平田忠輔「冷戦政策とラインホルド・ニーバーのアメリカ外交論」日本国際政治学会『国際政治』八〇号、一九八五年
スティーブン・ピンカー（幾島幸子、塩原通緒訳）『暴力の人類史』（上・下巻）青土社、二〇一五年
ドルー・ギルピン・ファウスト（黒沢眞理子訳）『戦死とアメリカ――南北戦争六二万人の死の意味』彩流社、二〇一〇年
アルフレート・ファークツ（望田幸男訳）『ミリタリズムの歴史――文民と軍人』福村出版、一九九四年
ポール・ファッセル（宮崎尊訳）『誰にも書けなかった戦争の現実』草思社、一九九七年
藤原聖子『現代アメリカ宗教地図』平凡社新書、二〇〇九年

淵田美津雄（中田整一編）『真珠湾攻撃総隊長の回想　淵田美津雄自叙伝』講談社、二〇〇七年
チャールズ・C・ブラウン（高橋義文訳）『ニーバーとその時代――ラインホールド・ニーバーの預言者的役割とその遺産』聖学院大学出版会、二〇〇四年
古矢旬『アメリカ　過去と現在の間』岩波書店、二〇〇四年
ローランド・H・ベイントン（中村妙子訳）『戦争・平和・キリスト者』新教出版社、一九六三年
エバーハルト・ベートゲ、レナーテ・ベートゲ（宮田光雄、山崎和明訳）『ディートリヒ・ボンヘッファー』新教出版社、一九九二年
ベネディクト（古田暁訳）『聖ベネディクトの戒律』すえもりブックス、二〇〇〇年
J・ヘルジランド、R・J・デイリー、J・P・バーンズ（小阪康治訳）『古代のキリスト教徒と軍隊』教文館、一九八八年
フランシスコ・ペレス「アウグスティヌスの戦争論」中世哲学学会『中世思想研究』二七号、一九八五年
星川啓慈、石川明人『人はなぜ平和を祈りながら戦うのか？――私たちの戦争と宗教』並木書房、二〇一四年
前原透監修、片岡徹也編集『戦略思想家事典』芙蓉書房出版、二〇〇三年
A・E・マクグラス（高柳俊一訳）『宗教改革の思想』教文館、二〇〇〇年
A・E・マクグラス（佐柳文男訳）『プロテスタント思想文化史』教文館、二〇〇九年
P・G・マックスウェル-スチュアート（高橋正男監修、月森左知、菅沼裕乃訳）『ローマ教皇歴代誌』創元社、一九九九年
松本佐保『バチカン近現代史――ローマ教皇たちの「近代」との格闘』中公新書、二〇一三年
松本富士夫『イエスの原風景――聖の図像学』新泉社、一九七五年
松元雅和『平和主義とは何か――政治哲学で考える戦争と平和』中公新書、二〇一三年

ウィリアムソン・マーレー、マクレガー・ノックス、アルヴィン・バーンスタイン編著（石津朋之、永末聡監訳、歴史と戦争研究会訳）『戦略の形成――支配者、国家、戦争』（上・下巻）中央公論新社、二〇〇七年
宮田光雄『ボンヘッファーとその時代――神学的・政治学的考察』新教出版社、二〇〇七年
村松剛『ジャンヌ・ダルク――愛国心と信仰』中公新書、一九六七年
森孝一『宗教からよむ「アメリカ」』講談社、一九九六年
森本あんり『アメリカ・キリスト教史――理念によって建てられた国の軌跡』新教出版社、二〇〇六年
森安達也『近代国家とキリスト教』平凡社、二〇〇二年
八代崇「キリスト教現実主義と絶対平和主義――ニーバーの政治思想について」桃山学院大学『国際関係研究』三号、一九六二年
八塚春児『十字軍という聖戦――キリスト教世界の解放のための戦い』NHKブックス、二〇〇八年
山内進『十字軍の思想』筑摩書房、二〇〇三年
山内進編『「正しい戦争」という思想』勁草書房、二〇〇六年
山浦玄嗣『ガリラヤのイェシュー』（日本語訳新約聖書四福音書）イー・ピックス出版、二〇一一年
山浦玄嗣『イエスの言葉――ケセン語訳』文春新書、二〇一一年
山我哲雄『キリスト教入門』岩波ジュニア新書、二〇一四年
山中謙二『フシーテン運動の研究――宗教改革前史の考察』聖文舎、一九四八年
山本新「ニーバーの平和主義批判」理想社『理想』二一一号、一九五〇年
マーク・ユルゲンスマイヤー（阿部美哉訳）『ナショナリズムの世俗性と宗教性』玉川大学出版部、一九九五年
マーク・ユルゲンスマイヤー（立山良司監修、古賀林幸、櫻井元雄訳）『グローバル時代の宗教とテロリズ

ム――いま、なぜ神の名で人の命が奪われるのか』明石書店、二〇〇三年
尹善子「韓国の従軍聖職者活動の昨日、今日、そして明日」かんよう出版『キリスト教文化』春号、二〇一四年
ジョン・ハワード・ヨーダー（棚瀬多喜雄訳）『愛する人が襲われたら？――非暴力平和主義者の回答』東京ミッション研究所、一九九八年
G・フォン・ラート（山吉智久訳）『古代イスラエルにおける聖戦』教文館、二〇〇六年
ジャン・リシャール（宮松浩憲訳）『十字軍の精神』法政大学出版局、二〇〇四年
マルチン・ルター（神崎大六郎、徳善義和、渡辺茂他訳）『ルター著作集』（第一集六・七）聖文舎、一九六三年、六六年
ヘンリ・ワルター（後藤まり子訳）『コルベ神父の生き方』フリープレス、一九九六年